TDAH

Trastorno por **D**éficit de **A**tención con **H**iperactividad

Cómo Diagnosticar
Niños y Adultos

Marcus Deminco

Marcus Deminco

RESUMEN

Nota De Aclaración

LA EXPRESIÓN DIAGNÓSTICO, derivado de las palabras griegas "día", que significa "a través de" y "gignósko", que significa "saber." La definición de la palabra traída por el diccionario, define el diagnóstico como el conocimiento de una enfermedad a través de sus síntomas, signos y / o diversos exámenes. En la práctica clínica, el diagnóstico, generalmente, es el resultado del análisis realizado a través de la observación de los síntomas manifestados en el presente y / o en el pasado. Es la primera y más importante herramienta que un profesional de salud establece (Se considera la primera y más importante herramienta que un profesional... para aproximarse a la comprensión de las quejas y elaborar un tratamiento adecuado a las condiciones sanitarias de su paciente.

En este aspecto, considerando que muchas características sintomáticas necesarias para determinar un diagnóstico de Trastorno por Déficit de Atención con Hiperactividad (TDAH) son equivalentes a los comportamientos normales, es importante analizar la frecuencia, la duración y la persistencia de estos síntomas en diferentes contextos en la vida del paciente. En consecuencia, el uso de escalas, pruebas psicológicas y neuropsicológicas, así como la recolección de informaciones obtenidas mediante entrevistas específicas realizadas en la escuela y con familiares, sirven como valiosas fuentes de informaciones y recursos imprescindibles para consolidar el diagnóstico.

> No se cuenta con una prueba única o con una batería de pruebas que permitan determinar la presencia o ausencia del TDAH; por lo tanto, se trata de un diagnóstico clínico que se realiza a partir de los relatos de los padres y, especialmente, de los profesores y de la evaluación neurológica, que permite determinar la inmadurez o las alteraciones en el desarrollo del niño (CONDEMARIN et al., 2006).

Por lo tanto, en virtud de la relevancia, el objetivo principal de este libro es hacer accesible una amplia variedad de instrumentos que posibiliten una mejor evaluación sobre la posibilidad de la presencia del Trastorno por Déficit de Atención con Hiperactividad (TDAH) en niños, jóvenes, y adultos. Sin embargo, de ninguna manera, los recursos disponibles aquí -aunque de gran valimiento- poseen el carácter de aseverar cualquier diagnóstico. Es importante señalar que el diagnóstico del TDAH es estrictamente clínico, y ninguna herramienta aislada sustituye el análisis observacional minucioso y una anamnesis específica realizada por un profesional especializado, capacitado y experimentado. Es importante destacar también que - en virtud de buena parte del contenido de ese libro haber sido traducido de otros idiomas - posiblemente, algunas expresiones y / o fragmentos aparenten una pequeña Imprecisión y / o ambigüedad de lenguaje.

Sobre el Autor

Marcus Deminco (Salvador - BA, Brasil. Set, 28 de 1976) es un escritor y psicólogo brasileño; Doctor Honoris Causa en el Trastorno por Déficit de Atención con Hiperactividad (**TDAH**); Tutor de Programación Neurolingüística (NLP), autor de artículos científicos para el Portal de Psicólogos. (el sitio de psicología más grande de  Portugal) Dueño de varias frases, textos y pensamientos compartidos en redes sociales y sitios web. Además, Marcus Deminco es también el autor de los libros:

1. Yo y mi amigo DDA - Autobiografía de un portador del Trastorno por Déficit de Atención con Hiperactividad
2. El secreto de Clarice Lispector. (Edición portuguesa)
3. El secreto de Clarice Lispector (English Edition)
4. VERTYGO - El suicidio Lukas (portugués Edición)
5. VERTYGO - The Suicide of Lukas. (English Edition)
6. Helen Palmer - Una sombra de Clarice Lispector (portugués Edición)
7. La sombra de Clarice Lispector (English Edition)
8. El trastorno bipolar - Información general (portugués Edición)
9. Bipolar Desorden - General Aspects (English Edition)
10. PNL - Lo primero es lo primero (edición portuguesa)
11. Neuro-Linguistic Programming - Beginning by the Beginning (English

Edition)
12. Mensajes para publicar, disfrutar y compartir. Vol. 1
13. Mensajes para publicar, disfrutar y compartir. Vol. 2
14. Mensajes para publicar, disfrutar y compartir. Vol. 3
15. Colección de textos en E-Cards. Vol. 1
16. Colección de Textos en E-Cards. Vol. 2

Premios y Homenajes

a) Autor de "Estafeta Sem Rumo" — Premio de Antología Cecilio Barros Pessoa — Academia de Letras, Artes y Ciencias de Arraial do Cabo, RJ.

b) Doctor Honoris Causa en **TDAH** por la Asociación Brasileña de Medicina Psicosomática en reconocimiento a la contribución científica y relevancia social del libro: Yo y Mi Amigo DDA - Autobiografía de un Portador con Trastorno por Déficit de Atención con Hiperactividad.

c) Uno de los ganadores del premio de poesía contemporánea Além da Terra, Além do Céu otorgado por la Editorial Chiado (Portugal).

Hable con Marcus Deminco

E-mail: marcusdeminco@gmail.com
Website: http://marcusdeminco.com/
Blog: http://marcusdeminco.blogspot.com.br/
Twitter: https://twitter.com/marcusdeminco
Facebook: https://www.facebook.com/marcus.deminco
Pinterest: https://www.pinterest.com/marcusdeminco/
Instagram: @marcusdeminco
Youtube: https://www.youtube.com/channel/UCRu8yfSoLewjuX6GO6o7Nmw
G+: https://plus.google.com/u/0/114858320913983491464
Tumblr: http://deminco.tumblr.com/
Flickr: https://www.flickr.com/photos/143729713@N06/with/28004881736/
GoodReads: https://www.goodreads.com/author/show/7792932.Marcus_Deminco/
Pensador: https://pensador.uol.com.br/autor/marcus_deminco/

El Diagnóstico del TDAH por La CIE

Publicada por la Organización Mundial de la Salud (OMS), la Clasificación Estadística Internacional de Enfermedades y Problemas Relacionados con la Salud (CIE), aunque no sea el instrumento más utilizado por los profesionales de salud mental en la elaboración de diagnósticos - también tiene su importancia y finalidad. El documento proporciona códigos que determinan la clasificación y codificación de las enfermedades, y una amplia variedad de signos, síntomas, aspectos inusuales, quejas, circunstancias sociales y causas externas de daños y / o enfermedad. Para cada cuadro clínico se asigna una categoría única a la que corresponde un código, que puede contener hasta seis caracteres.

Así, la CIE sirve como el principal vehículo informativo en la identificación de tendencias y estadísticas de morbilidad y mortalidad en todo el mundo. De acuerdo con su décima revisión, la Clasificación Internacional de Enfermedades (CIE-10), incluyó el Trastorno por Déficit de Atención con

Hiperactividad (**TDAH**) dentro de la sección F.90 – F.98, que pertenece al grupo de trastornos conocidos como Trastornos Hipercinéticos. Los Trastornos Hipercinéticos son un grupo de trastornos caracterizados por:

a. Comienzo temprano (por lo general durante los cinco primeros años de la vida).

b. Combinación de un comportamiento hiperactivo y pobremente modulado con una marcada falta de atención y de continuidad en las tareas y porque estos problemas se presentan en las situaciones más variadas y persisten a lo largo del tiempo.

c. Falta de persistencia en actividades que requieren la participación de procesos cognoscitivos.

d. Tendencia a cambiar de una actividad a otra sin terminar ninguna, junto con una actividad desorganizada, mal regulada y excesiva.

e. Las dificultades persisten durante los años de escolaridad e incluso en la vida adulta, pero en muchos de los afectados se produce, con el paso de los años, una mejoría gradual de la hiperactividad y del déficit de la atención

f. Descuidados e impulsivos, propensos a accidentes.

g. Plantean problemas de disciplina por saltarse las normas, más que por desafíos deliberados a las mismas, por una falta de premeditación.

h. Su relación social con los adultos suelen ser desinhibidas, con una falta de la prudencia y reserva naturales.

i. Son impopulares entre los niños y pueden llegar a convertirse en niños aislados.

j. Frecuente presencia de un déficit cognoscitivo y retrasos específicos en el desarrollo motor y del lenguaje.

k. Acompañan frecuentemente problemas de lectura o del aprendizaje.

Los Trastornos Hipercinéticos (F-90) se subdividen en:

1. (F90.0) Perturbación de la Actividad y de la Atención
2. (F90.1) Trastorno Hipercinético Disocial
3. (F90.8) Otros Trastornos Hipercinéticos
4. (F90.9) Trastorno Hipercinético sin Especificación

Según la Clasificación Internacional de Enfermedades (CIE-10) para diagnosticar un caso de **TDAH** es necesario que la persona evaluada tiene al menos seis de los síntomas de desatención y / o seis de los síntomas de hiperactividad. Además, estos síntomas deben manifestarse en al menos dos ambientes diferentes, y por un período superior a seis meses.

(A) Con el Predominio De la Desatención

Se caracteriza con el predominio de la DESATENCIÓN cuando la persona presenta seis (o más) de los siguientes síntomas de desatención, persistentes por lo menos 6 meses, en grado mal adaptativo e inconsistente con el nivel de desarrollo:

1. A menudo deja de prestar atención a los detalles o comete errores por descuido en actividades escolares, de trabajo entre otras.

2. A menudo tiene dificultades para mantener la atención en tareas o actividades lúdicas.

3. A menudo parece no escuchar cuando le dirigen la palabra.

4. A menudo no sigue instrucciones y no termina sus deberes escolares, tareas domésticas o deberes profesionales (no debido al comportamiento de oposición o incapacidad de comprender instrucciones).

5. A menudo tiene dificultad para organizar tareas y actividades.

6. Con frecuencia evita, antipatía o reticencia a involucrarse en tareas que exijan esfuerzo mental constante (como tareas escolares o deberes de casa).

7. A menudo pierde las cosas necesarias para tareas o actividades (por ejemplo, juguetes, tareas escolares, lápices, libros u otros materiales).

8. Es fácilmente distraído por estímulos ajenos a la tarea.

9. Con frecuencia presenta olvido en actividades diarias.

(B) Con Predominio de la Hiperactividad / Impulsividad

Se caracteriza cuando seis (o más) de los siguientes síntomas de hiperactividad persiste por lo menos 6 meses, en grado mal adaptativo e inconsistente con el nivel de desarrollo:

B.1 Hiperactividad

1. A menudo agita las manos o los pies.

2. A menudo abandona su silla en el aula u otras situaciones en las que se espera que permanezca sentado.

3. A menudo corre o escala en demasía, en situaciones en las cuales esto es inapropiado (en adolescentes y adultos, puede estar limitado a sensaciones subjetivas de inquietud).

4. Con frecuencia tiene dificultad para jugar o involucrarse silenciosamente en actividades de ocio.

5. Es a menudo "a mil" o muchas veces actúa como si estuviera "a todo vapor".

6. A menudo habla demasiado.

B.2 Impulsividad

1. A menudo da respuestas precipitadas antes de que se hayan completado las preguntas.

2. A menudo tiene dificultad para esperar su turno.

3. A menudo interrumpe o se mete en asuntos ajenos (por ejemplo, se entromete en conversaciones o bromas).

(C) Criterios para ambos casos

En ambos casos los siguientes criterios también deben estar presentes:

1. Algunos síntomas de hiperactividad / impulsividad o desatención que causaron daño estaban presentes antes de los 7 años de edad.

2. Un cierto perjuicio causado por los síntomas está presente en dos o más contextos (por ejemplo, en la escuela, en el trabajo y / o en casa).

3. Debe haber claras evidencias de perjuicio clínicamente significativo en el funcionamiento social, académico o ocupacional.

4. Los síntomas no aparecen exclusivamente en el transcurso de un Trastorno Generalizado del Desarrollo,

esquizofrenia u otro Trastorno Psicótico y no se explican mejor por otro Trastorno mental (por ejemplo., Trastorno del Estado de Ánimo, Trastorno de Ansiedad, Trastorno Disociativo, o cualquier Trastorno la Personalidad).

NOTA: los síntomas de falta de atención, hiperactividad o impulsividad relacionada con el uso de medicamentos (como los broncodilatadores, isoniazida y acatisia neuroléptico) en niños menores de 7 años de edad no deben ser diagnosticados como **TDAH**.

El Diagnóstico del TDAH por La DSM

El Diagnostic and Statistical Manual of Mental Disorders (Manual Diagnóstico y Estadístico de los Trastornos Mentales), más conocido por el acrónimo DSM es un manual para los profesionales en el campo de la salud mental que enumera las diferentes categorías de los Trastornos mentales y los criterios para diagnosticar ellos. Elaborado por la Asociación Americana de Psiquiatría (American Psychiatric Association - APA) es actualmente la mejor herramienta de uso clínico para ayudar en la elaboración más eficiente de los diagnósticos

En su quinta edición, el DSM-V clasifica o Trastorno por Déficit de Atención con Hiperactividad entre los Trastornos del Desarrollo Neurológico. El **TDAH** es un Trastorno del Desarrollo Neurológico definido por niveles perjudiciales de desatención, desorganización y / o hiperactividad-impulsividad. **(A)** Desatención y Desorganización implican incapacidad para permanecer en un puesto de trabajo, en busca no oír y pérdida de materiales en los niveles inconsistentes con la edad o nivel de desarrollo. **(B)** la hiperactividad-impulsividad implica actividad excesiva, inquietud, incapacidad para sentarse y / o en la misma posición y / o lugar. También, presentan intromisión en actividades de otros e incapacidad de aguardar - síntomas que son excesivos para la edad o el nivel de desarrollo. En la infancia, **TDAH** a menudo se superpone los Trastornos generalmente considerados "upregulated", como el Trastorno de oposición desafiante y Trastorno de la conducta. **TDAH** a menudo persiste en la edad adulta, lo que resulta en alteraciones en el funcionamiento social, académico y ocupacional.

TDAH – Criterios de Diagnóstico (DSM-V)

A. Patrón persistente de inatención y/o hiperactividad-impulsividad que interfiere con el funcionamiento o el desarrollo, que se caracteriza por (1) y/o (2):

1. Inatención: Seis (o más) de los siguientes síntomas se han mantenido durante al menos 6 meses en un grado que no concuerda con el nivel de desarrollo y que afecta directamente las actividades sociales y académicas/laborales:

NOTA: Los síntomas no son sólo una manifestación del comportamiento de oposición, desafío, hostilidad o fracaso en la comprensión de tareas o instrucciones. Para adolescentes mayores y adultos (17 y más años de edad), se requiere un mínimo de cinco síntomas.

(a) Con frecuencia falla en prestar la debida atención a detalles o por descuido se cometen errores en las tareas escolares, en el trabajo o durante otras actividades (p. ej., se pasan por alto o se pierden detalles, el trabajo no se lleva a cabo con precisión).

(b) Con frecuencia tiene dificultades para mantener la atención en tareas o actividades recreativas (p. ej., tiene dificultad para mantener la atención en clases, conversaciones o la lectura prolongada).

(c) Con frecuencia parece no escuchar cuando se le habla directamente (p. ej., parece tener la mente en otras cosas, incluso en ausencia de cualquier distracción aparente).

(d) Con frecuencia no sigue las instrucciones y no termina las tareas escolares, los quehaceres o los deberes laborales (p. ej., inicia tareas pero se distrae rápidamente y se evade con facilidad).

(e) Con frecuencia tiene dificultad para organizar tareas y actividades (p. ej., dificultad para gestionar tareas secuenciales; dificultad para poner los materiales y pertenencias en orden; descuido y desorganización en el trabajo; mala gestión del tiempo; no cumple los plazos).

(f) Con frecuencia evita, le disgusta o se muestra poco entusiasta en iniciar tareas que requieren un esfuerzo mental sostenido (p. ej., tareas escolares o quehaceres domésticos; en adolescentes mayores y adultos, preparación de informes, completar formularios, revisar artículos largos).

(g) Con frecuencia pierde cosas necesarias para tareas o actividades (p. ej., materiales escolares, lápices, libros, instrumentos, billetero, llaves, papeles del trabajo, gafas, móvil).

(h) Con frecuencia se distrae con facilidad por estímulos externos (para adolescentes mayores y adultos, puede incluir pensamientos no relacionados).

(i) Con frecuencia olvida las actividades cotidianas (p. ej., hacer las tareas, hacer las diligencias; en adolescentes mayores y adultos, devolver las llamadas, pagar las facturas, acudir a las citas).

2. Hiperactividad e Impulsividad: Seis (o más) de los siguientes síntomas se han mantenido durante al menos 6 meses en un grado que no concuerda con el nivel de desarrollo y que afecta directamente a las actividades sociales y académicas/laborales:

NOTA: Los síntomas no son sólo una manifestación del comportamiento de oposición, desafío, hostilidad o fracaso para comprender tareas o instrucciones. Para adolescentes mayores y adultos (a partir de 17 años de edad), se requiere un mínimo de cinco síntomas.

(a) Con frecuencia juguetea con o golpea las manos o los

pies o se retuerce en el asiento.

(b) Con frecuencia se levanta en situaciones en que se espera que permanezca sentado (p. ej., se levanta en la clase, en la oficina o en otro lugar de trabajo, o en otras situaciones que requieren mantenerse en su lugar).

(c) Con frecuencia corretea o trepa en situaciones en las que no resulta apropiado. (**Nota**: En adolescentes o adultos, puede limitarse a estar inquieto.)

(d) Con frecuencia es incapaz de jugar o de ocuparse tranquilamente en actividades recreativas.

(e) Con frecuencia está "ocupado," actuando como si "lo impulsara un motor" (p. ej., es incapaz de estar o se siente incómodo estando quieto durante un tiempo prolongado, como en restaurantes, reuniones; los otros pueden pensar que está intranquilo o que le resulta difícil seguirlos).

(f) Con frecuencia habla excesivamente.

(g) Con frecuencia responde inesperadamente o antes de que se haya concluido una pregunta (p. ej., termina las frases de otros; no respeta el turno de conversación).

(h) Con frecuencia le es difícil esperar su turno (p. ej., mientras espera en una cola).

(i) Con frecuencia interrumpe o se inmiscuye con otros (por ejemplo, se mete en las conversaciones, juegos o actividades; puede empezar a utilizar las cosas de otras personas sin esperar o recibir permiso; en adolescentes y adultos, puede inmiscuirse o adelantarse a lo que hacen los otros).

B. Algunos síntomas de inatención o hiperactivo-impulsivos estaban presentes antes de los 12 años.

C. Varios síntomas de inatención o hiperactivo-impulsivos están presentes en dos o más contextos (p. ej., en casa, en la escuela o en el trabajo; con los amigos o parientes; en otras actividades).

D. Existen pruebas claras de que los síntomas interfieren con el funcionamiento social, académico o laboral, o reducen la calidad de los mismos.

E. Los síntomas no se producen exclusivamente durante el curso de la esquizofrenia o de otro Trastorno psicótico y no se explican mejor por otro Trastorno mental (p. ej., Trastorno del estado de ánimo, Trastorno de ansiedad, Trastorno disociativo, Trastorno de la personalidad, intoxicación o abstinencia de sustancias).

Especificar El subtipo

a) 314.01 (F90.2) – Presentación Combinada: Si se cumplen el Criterio **A1** (inatención) y el Criterio **A2** (hiperactividad-impulsividad) durante los últimos 6 meses.

b) 314.00 (F90.0) – Presentación predominante con falta de atención: Si se cumple el Criterio **A1** (inatención) pero no se cumple el Criterio **A2** (hiperactividad-impulsividad) durante los últimos 6 meses.

c) 314.01 (F90.1) – Presentación predominante hiperactiva/impulsiva: Si se cumple el Criterio **A2** (hiperactividad-impulsividad) y no se cumple el Criterio **A1** (inatención) durante los últimos 6 meses.

Especificar Si

- **En Remisión Parcial**: Cuando previamente se cumplían todos los criterios, no todos los criterios se han cumplido durante los últimos 6 meses, y los síntomas siguen deteriorando el funcionamiento social, académico o laboral.

Especificar La gravedad actual

a) **LEVE**: Pocos o ningún síntoma están presentes más que los necesarios para el diagnóstico, y los síntomas sólo producen deterioro mínimo del funcionamiento social o laboral.

b) **MODERADO**: Síntomas o deterioros funcionales presentes entre "leve" y "grave".

c) **GRAVE:** Presencia de muchos síntomas aparte de los necesarios para el diagnóstico o de varios síntomas particularmente graves, o los síntomas producen deterioro notable del funcionamiento social o laboral.

Otros Instrumentos para Diagnosticar el TDAH

El proceso de evaluación para el diagnóstico de Trastorno por Déficit de Atención con Hiperactividad (**TDAH**) debe llevarse a cabo a través de una investigación clínica completa, que cubre la entera historia del paciente. Sin embargo, cuanto más cuidadosa sea realizada esa evaluación en relación a la utilización de recursos instrumentales, menor es la posibilidad de cometer equívoco en el diagnóstico.

Una evaluación que, además de proporcionar un diagnóstico preciso, sea capaz de apuntar la presencia de trastornos comórbidos, analizando una perspectiva sobre el funcionamiento dañino y desajustado del sujeto, también proporcionará una mejor elección relacionada a las técnicas y / o estrategias más eficientes para ser utilizadas durante su tratamiento. Favorecer así el pronóstico del individuo.

Por lo tanto, aunque las características presentes en la Clasificación Internacional de Enfermedades (CIE) y, sobre todo, los criterios de diagnóstico que se describen en el Manual Diagnóstico y Estadístico de los Trastornos Mentales (DSM) son considerados como los instrumentos más fiables y coherentes para ayudar en el proceso de diagnóstico **TDAH** , hay una amplia variedad de pruebas, escalas y otros instrumentos psicológicos que pueden y deben ser utilizados con el fin de corroborar la exactitud en el proceso de evaluación y diagnóstico de Trastorno por Déficit de Atención con Hiperactividad (**TDAH**).

De esta manera, aunque las características presentes en la Clasificación Internacional de Enfermedades (CIE) y, sobre todo, los Criterios Diagnósticos descritos en el Manual Diagnóstico y Estadístico de Trastornos Mentales (DSM) sean considerados como los instrumentos más fidedignos y consistentes para auxiliar en el proceso de diagnóstico del **TDAH**, existe aún una amplia variedad de pruebas, escalas, cuestionarios y otros instrumentos psicológicos que pueden, y deben ser utilizados para corroborar con la precisión en el proceso evaluativo y diagnóstico del Trastorno por Déficit de Atención con Hiperactividad. (**TDAH**).

SNAP-IV - Para el Diagnóstico del TDAH
En Niños y Adolescentes

Lo Swanson Nolan y Pelham-IV Cuestionario, o simplemente, SNAP-IV es un cuestionario fácil de usar, ha sido desarrollado utilizando los mismos criterios presentes en el DSM para evaluar los síntomas del Trastorno por Déficit de Atención con Hiperactividad (**TDAH**) en niños y adolescentes. Como las características del trastorno a menudo se manifiestan en diferentes contextos, este cuestionario también puede ser completado por los padres y / o Profesores.

Cómo Usar

Para cada una de las 18 sentencias descritas a continuación, elija y marque una de las 4 opciones de respuestas que mejor corresponda al niño o adolescente evaluado.

1.   **Ni un poco = 0 Punto**
2.   **Sólo un poco = 1 Punto**
3.   **Bastante = 2 Puntos**
4.   **Mucho = 3 Puntos**

1. Le cuesta prestar atención a detalles o comete errores por descuido en las tareas escolares o trabajo.

(   ) Ni un poco

(   ) Sólo un poco

( ) Bastante

( ) Mucho

2. Tiene dificultad para mantener la atención en tareas o actividades de ocio.

( ) Ni un poco

( ) Sólo un poco

( ) Bastante

( ) Mucho

3. Parece no estar oyendo cuando se habla directamente con él.

( ) Ni un poco

( ) Sólo un poco

( ) Bastante

( ) Mucho

4. Le cuesta seguir instrucciones y no finaliza tareas escolares, encargos u obligaciones.

( ) Ni un poco

( ) Sólo un poco

( ) Bastante

( ) Mucho

5. Tiene dificultad en organizar sus tareas y actividades.

( ) Ni un poco

( ) Sólo un poco

( ) Bastante

( ) Mucho

6. Evita, le disgusta o es reacio a dedicarse a tareas que requieren un esfuerzo mental sostenido.

( ) Ni un poco

( ) Sólo un poco

( ) Bastante

( ) Mucho

7. Extravía objetos necesarios para realizar sus actividades (p. ej. juguetes, ejercicios escolares, lápices o libros).

( ) Ni un poco

( ) Sólo un poco

( ) Bastante

( ) Mucho

8. Se distrae por estímulos irrelevantes de su tarea.

( ) Ni un poco

( ) Sólo un poco

( ) Bastante

( ) Mucho

9. Es descuidado en sus actividades diarias.

( ) Ni un poco

( ) Sólo un poco

( ) Bastante

( ) Mucho

10. Mueve las manos y los pies o se retuerce en el asiento.

( ) Ni un poco

( ) Sólo un poco

( ) Bastante

( ) Mucho

11. Abandona su asiento en clase u otras situaciones en que se espera que permanezca sentado.

( ) Ni un poco

( ) Sólo un poco

( ) Bastante

( ) Mucho

12. Corre o salta excesivamente en situaciones en que es inapropiado.

( ) Ni un poco

( ) Sólo un poco

( ) Bastante

( ) Mucho

13. Tiene dificultades para jugar o dedicarse a actividades de ocio tranquilamente.

( ) Ni un poco

( ) Sólo un poco

( ) Bastante

( ) Mucho

14. Está "en marcha" o actúa como si tuviera un motor encendido.

( ) Ni un poco

( ) Sólo un poco

( ) Bastante

( ) Mucho

15. Habla en exceso.

( ) Ni un poco

( ) Sólo un poco

( ) Bastante

( ) Mucho

16. Precipita respuestas antes de haber sido terminadas las preguntas.

( ) Ni un poco

( ) Sólo un poco

( ) Bastante

( ) Mucho

17. Tiene dificultades para aguardar su turno.

( ) Ni un poco

( ) Sólo un poco

( ) Bastante

( ) Mucho

18. Interrumpe o se inmiscuye en las actividades de otros (p. ej. se entromete en conversaciones o juegos).

( ) Ni un poco

( ) Sólo un poco

( ) Bastante

( ) Mucho

Cómo Evaluar

1. Si al menos 6 ítems fueron marcados como BASTANTE o MUCHO de 1 a 9 = hay más síntomas de desatención que lo esperado para un niño o adolescente.

2. Si al menos 6 ítems fueron marcados como BASTANTE o MUCHO de 10 a 18 = existen más síntomas de hiperactividad e impulsividad que lo esperado para un niño o adolescente.

IMPORTANTE: No se puede hacer el diagnóstico de **TDAH** sólo con el criterio A. Por lo tanto, para considerar el diagnóstico vea abajo los demás criterios que también son necesarios.

Criterio A: Síntomas (vistos arriba)

Criterio B: Algunos de estos síntomas deben estar presentes antes de los 7 años de edad.

Criterio C: Existen problemas causados por los síntomas anteriores en al menos 2 contextos diferentes (por ejemplo, en la escuela, en el trabajo, en la vida social y en el hogar).

Criterio D: Hay problemas evidentes en la vida escolar, social o familiar por los síntomas.

Criterio E: Si existe algún otro problema (como depresión, deficiencia mental, psicosis, etc.), los síntomas no se pueden atribuir exclusivamente a él.

ASRS-18 – Para el diagnóstico de TDAH en adultos

El Adult Self-Report Scale, o escala de autoevaluación de Adultos (ASRS-18), es una herramienta importante para ayudar en el diagnóstico de **TDAH** en adultos. La escala fue desarrollada por investigadores en colaboración con la Organización Mundial de la Salud (OMS). Cómo ciertos síntomas aparecen con mayor énfasis en lugares específicos, como el trabajo, el hogar y el ocio, la escala es recomendable también para que sea llenada tanto por el paciente, como por sus familiares, compañeros de trabajo y / o amigos.

La escala tiene 18 artículos que abordan los síntomas presentes en el **criterio A** del DSM. Sin embargo, modificados y adaptados al contexto de la vida adulta. Y ofrece 5 diferentes puntuaciones para cada opción de respuesta de frecuencia:

1. **Nunca = 0 Puntos**
2. **Raramente = 1 Punto**
3. **Algunas veces = 2 puntos**
4. **Frecuentemente = 3 Puntos**
5. **Muy frecuentemente = 4 puntos**

Cómo Usar

Responda las preguntas abajo de acuerdo con la puntuación de las opciones de respuesta de frecuencia arriba que mejor representan como la persona evaluada se sintió y / o se comportó en los últimos seis meses.

PARTE A

1. ¿Con qué frecuencia usted comete errores por falta de atención cuando tiene que trabajar en un proyecto aburrido o difícil?

( ) Nunca

( ) Raramente

( ) Algunas veces

( ) Frecuentemente

( ) Muy frecuentemente

2. ¿Con qué frecuencia tienes dificultad para mantener la atención cuando estás haciendo un trabajo aburrido o repetitivo?

( ) Nunca

( ) Raramente

( ) Algunas veces

( ) Frecuentemente

( ) Muy frecuentemente

3. ¿Con qué frecuencia tiene dificultad para concentrarse en lo que la gente dice, incluso cuando están hablando directamente con usted?

( ) Nunca

( ) Raramente

( ) Algunas veces

( ) Frecuentemente

( ) Muy frecuentemente

4. ¿Con qué frecuencia usted deja un proyecto a la mitad

después de haber hecho las partes más difíciles?

( ) Nunca

( ) Raramente

( ) Algunas veces

( ) Frecuentemente

( ) Muy frecuentemente

5. ¿Con qué frecuencia tienes dificultad para hacer un trabajo que requiere organización?

( ) Nunca

( ) Raramente

( ) Algunas veces

( ) Frecuentemente

( ) Muy frecuentemente

6. Cuando usted necesita hacer algo que requiere mucha concentración, ¿con qué frecuencia usted evita o retrasa el inicio?

( ) Nunca

( ) Raramente

( ) Algunas veces

( ) Frecuentemente

( ) Muy frecuentemente

7. ¿Con qué frecuencia colocas las cosas fuera del lugar o tienes dificultad para encontrar las cosas en casa o en el trabajo?

( ) Nunca

( ) Raramente

( ) Algunas veces

( ) Frecuentemente

( ) Muy frecuentemente

8. ¿Con qué frecuencia se distrae con actividades o ruido a su alrededor?

( ) Nunca

( ) Raramente

( ) Algunas veces

( ) Frecuentemente

( ) Muy frecuentemente

9. ¿Con qué frecuencia tiene dificultades para recordar compromisos o obligaciones?

( ) Nunca

( ) Raramente

( ) Algunas veces

( ) Frecuentemente

( ) Muy frecuentemente

PARTE B

1. ¿Con qué frecuencia te quedas moviendo en la silla o balanceando las manos o los pies cuando tienes que estar sentado durante mucho tiempo?

( ) Nunca

( ) Raramente

( ) Algunas veces

( ) Frecuentemente

( ) Muy frecuentemente

2. ¿Con qué frecuencia se levanta de la silla en reuniones o en otras situaciones donde debería estar sentado (a)?

( ) Nunca

( ) Raramente

( ) Algunas veces

( ) Frecuentemente

( ) Muy frecuentemente

3. ¿Con qué frecuencia se siente inquieto o agitado (a)?
( ) Nunca
( ) Raramente
( ) Algunas veces
( ) Frecuentemente
( ) Muy frecuentemente

4. ¿Con qué frecuencia tiene dificultad para tranquilizarse y relajarse cuando tiene tiempo libre?
( ) Nunca
( ) Raramente
( ) Algunas veces
( ) Frecuentemente
( ) Muy frecuentemente

5. ¿Con qué frecuencia se siente activo (a) demasiado y necesitando hacer cosas, como si estuviera "con un motor encendido"?
( ) Nunca
( ) Raramente
( ) Algunas veces
( ) Frecuentemente
( ) Muy frecuentemente

6. ¿Con qué frecuencia usted habla demasiado en situaciones sociales?
( ) Nunca
( ) Raramente
( ) Algunas veces
( ) Frecuentemente
( ) Muy frecuentemente

7. Cuando estás conversando, ¿con qué frecuencia te agarras terminando las frases de las personas antes de ellas?

( ) Nunca

( ) Raramente

( ) Algunas veces

( ) Frecuentemente

( ) Muy frecuentemente

8. ¿Con qué frecuencia tienes dificultad para esperar su turno en las situaciones donde cada uno tiene su turno?

( ) Nunca

( ) Raramente

( ) Algunas veces

( ) Frecuentemente

( ) Muy frecuentemente

9. ¿Con qué frecuencia usted interrumpen los demás cuando están ocupados?

( ) Nunca

( ) Raramente

( ) Algunas veces

( ) Frecuentemente

( ) Muy frecuentemente

Cómo Evaluar

Si los ítems de desatención de la **Parte A** (1 a 9) y / o los elementos de hiperactividad-impulsividad de la **Parte B** (1 a 9) tienen varias respuestas marcadas con FRECUENTEMENTE o MUY FRECUENTEMENTE existe gran posibilidad de que la persona evaluada sea portadora del **TDAH** (o sea, al menos 4 en cada una de las partes).

IMPORTANTE: No se puede hacer el diagnóstico de **TDAH** sólo con los síntomas presentados en la tabla. Para considerar el diagnóstico vea abajo los demás criterios que también son necesarios.

Criterio A: Síntomas (vistos en la tabla anterior)

Criterio B: Algunos de estos síntomas deben estar presentes desde precoz (hasta 12 años).

Criterio C: Existen problemas causados por los síntomas anteriores en al menos 2 contextos diferentes (por ejemplo, en el trabajo, en la vida social, en la universidad y en la relación conyugal o familiar).

Criterio D: Hay problemas evidentes por los síntomas.

Criterio E: Si existe la presencia de cualquier otro Trastorno (tal como depresión, deficiencia mental, psicosis, etc.), los síntomas no pueden atribuirse exclusivamente a él.

NOTA: El estudio americano que originó la creación de la ASRS-18 sugiere que una puntuación superior a 24 sea considerada como un fuerte indicio para la presencia del **TDAH** en el adulto. Sin embargo, es imprescindible la confirmación atestada por un especialista, considerando que muchos de los síntomas descritos en la escala pueden estar asociados a otras comorbilidades relacionadas con el **TDAH** y / o a otras condiciones psicopatológicas.

Criterios de Evaluación Preliminar
Para el TDAH en Adultos

Esta prueba se basa en la lista de los síntomas que caracterizan el Trastorno por Déficit de Atención con Hiperactividad (**TDAH**) en su manifestación adulta. Sin embargo, su validación debe ser considerada solamente como un recurso secundario para el indicio de la existencia del **TDAH**.

Cómo Usar

Marque en los subtipos de las frases abajo, las opciones que mejor se refieren a la persona evaluada. Al final, cuantas más alternativas estén señaladas, mayor será la probabilidad de la presencia del **TDAH**.

Tipo Inatento

(1) Prestan poca atención a los detalles y, a menudo cometen errores por falta de atención.

(2) Tiene dificultad para concentrarse al asistir a una conferencia, leer un libro, etc.

(3) A veces parece no escuchar cuando le dirigen la palabra directamente, o en una conversación acaba de prestar atención a otras cosas.

(4) Tiene dificultad en seguir las instrucciones (no por incapacidad en comprenderlas), prefiriendo siempre a hacer sus tareas "a su manera", en su "tiempo", muchas veces dejándolas inacabadas.

(5) Dificultad de organizar su tiempo para hacer algo o planear algo con antelación.

(6) Reluctancia para hacer o iniciar tareas que requieren esfuerzo mental y constante por mucho tiempo.

(7) Pierde objetos y / o olvida nombres, citas, fechas.

(8) Se distrae fácilmente con cosas a su alrededor o incluso con sus propios pensamientos, pareciendo muchas veces "soñar despierto".

(9) Presenta con frecuencia olvido en sus actividades diarias.

Es necesario que la persona tenga 5 o más de los síntomas anteriores, para tener mayor posibilidad del diagnóstico de **TDAH** del Tipo Desatento.

Tipo Hiperactivo / Impulsivo

(1) Movimientos de pies incesantes, las manos o se retuerce en su asiento.

(2) Demuestra dificultad para permanecer sentado en situaciones donde eso es lo esperado.

(3) Se siente incapaz de relajarse, descansar, la musculatura generalmente es tensa y está siempre en busca de algo para hacer.

(4) Tiene dificultad en permanecer en silencio durante actividades de ocio.

(5) Parece ser movido por un motor "eléctrico", pues está siempre, a "mil por hora".

(6) Habla, come, compra, o trabaja demasiado.

(7) Responde precipitadamente a las preguntas antes de que se hayan concluido. Responde preguntas escritas antes de leer hasta el final.

(8) Tiene dificultad en esperar a su turno: en conversaciones, filas, restaurantes.

(9) Interrumpe, a menudo, los demás en sus actividades y / o conversaciones.

Es necesario que la persona tenga 5 o más síntomas para tener mayor posibilidad del diagnóstico de **TDAH** del Tipo Hiperactivo / Impulsivo.

Tipo Combinado

Es necesario que la persona tenga 5 o más síntomas de cada uno de los 2 grupos anteriores para tener mayor posibilidad del diagnóstico de **TDAH** del tipo Combinado.

¡IMPORTANTE! En el diagnóstico de **TDAH**, además de los síntomas anteriores, los demás criterios también deben ser observados:

a) Los síntomas (vistos arriba).

b) Algunos de estos síntomas deben estar presentes antes de los 12 años de edad.

c) Hay problemas causados por los síntomas anteriores en al menos 2 contextos diferentes (trabajo, en la vida social, la universidad, la relación conyugal y / o familiar).

d) Hay problemas evidentes en la vida profesional, social, familiar y / o afectiva por los síntomas.

e) Si hay otro problema (como depresión, deficiencia mental, psicosis, etc.), los síntomas no se pueden atribuir exclusivamente a él.

TDAH – Screening Quiz for Adults

Desarrollado en los primeros años de la década de 1990, por Larry Jasper e Ivan Goldberg, el **TDAH** – Screening Quiz for Adults (Cuestionario de Clasificación para **TDAH** en Adultos) es una evaluación de selección para verificar la existencia del **TDAH** en adultos.

Cómo Usar

Los 24 artículos propuestos a continuación deben estar en armonía de cómo la persona evaluada se comportó y se sintió durante la mayor parte de su vida adulta. Si ha sido generalmente de una manera, pero ha cambiado recientemente, sus respuestas deben seguir la reflexión: "¿Cómo esta persona ha estado generalmente?" Después, para cada pregunta presentada, considere 1 de las 6 respuestas siguientes que mejor corresponda a la persona evaluada.

1. Nunca = 0 Puntos
2. Sólo un poco = 1 punto
3. Razonablemente = 2 Puntos
4. Moderadamente = 3 Puntos
5. La mayoría de las veces = 4 Puntos
6. Mucho = 5 Puntos

1. En casa, en el trabajo o en la escuela, siento que mi mente se aleja de las tareas desinteresadas o difíciles.

( ) Nunca
( ) Sólo un poco
( ) Razonablemente
( ) Moderadamente
( ) La mayoría de las veces
( ) Mucho

2. Me parece difícil leer textos escritos, a menos que sea sobre algo muy interesante y / o muy fácil de leer.

( ) Nunca
( ) Sólo un poco
( ) Razonablemente
( ) Moderadamente
( ) La mayoría de las veces
( ) Mucho

3. Especialmente en grupos, me parece difícil permanecer enfocado sobre lo que se está diciendo en las conversaciones.

( ) Nunca
( ) Sólo un poco
( ) Razonablemente
( ) Moderadamente
( ) La mayoría de las veces
( ) Mucho

4. Tengo un temperamento irritable y, normalmente, soy "mecha corta".

( ) Nunca
( ) Sólo un poco
( ) Razonablemente
( ) Moderadamente
( ) La mayoría de las veces
( ) Mucho

5. Me molesta fácilmente y me aburro por pequeñas cosas.

( ) Nunca
( ) Sólo un poco
( ) Razonablemente
( ) Moderadamente
( ) La mayoría de las veces
( ) Mucho

6. Muchas veces, yo hablo cosas sin pensar, y luego me arrepiento de haberlas dicho.

( ) Nunca
( ) Sólo un poco
( ) Razonablemente
( ) Moderadamente
( ) La mayoría de las veces
( ) Mucho

7. Generalmente, tomo decisiones precipitadas, sin evaluar lo suficiente sobre sus posibles consecuencias.

( ) Nunca
( ) Sólo un poco
( ) Razonablemente
( ) Moderadamente
( ) La mayoría de las veces
( ) Mucho

8. Tengo problemas en las relaciones interpersonales en virtud de mi tendencia a hablar primero y pensar después.

( ) Nunca
( ) Sólo un poco
( ) Razonablemente
( ) Moderadamente
( ) La mayoría de las veces
( ) Mucho

9. Mi humor oscila de un extremo al otro, entre altos y bajos.

( ) Nunca
( ) Sólo un poco
( ) Razonablemente
( ) Moderadamente
( ) La mayoría de las veces
( ) Mucho

10. Tengo dificultad de planear sobre qué orden debo seguir para realizar las tareas o actividades.

( ) Nunca
( ) Sólo un poco
( ) Razonablemente
( ) Moderadamente
( ) La mayoría de las veces
( ) Mucho

11. Me aburro con facilidad.

( ) Nunca
( ) Sólo un poco
( ) Razonablemente
( ) Moderadamente
( ) La mayoría de las veces
( ) Mucho

12. Tengo baja tolerancia a críticas negativas, y me molesta fácilmente con eso.

( ) Nunca
( ) Sólo un poco
( ) Razonablemente
( ) Moderadamente
( ) La mayoría de las veces
( ) Mucho

13. Estoy casi siempre me moviendo. Yo soy una persona muy agitada.

( ) Nunca
( ) Sólo un poco
( ) Razonablemente
( ) Moderadamente
( ) La mayoría de las veces
( ) Mucho

14. Me siento más cómodo cuando me estoy moviendo, que cuando estoy parado.

( ) Nunca
( ) Sólo un poco
( ) Razonablemente
( ) Moderadamente
( ) La mayoría de las veces
( ) Mucho

15. En las conversaciones, empiezo a responder a las preguntas antes de que las personas la formular completamente.

( ) Nunca
( ) Sólo un poco
( ) Razonablemente
( ) Moderadamente
( ) La mayoría de las veces
( ) Mucho

16. Yo suelo trabajar en más de un proyecto al mismo tiempo, y normalmente, acabo no concluyendo muchos de ellos.

( ) Nunca
( ) Sólo un poco

( ) Razonablemente
( ) Moderadamente
( ) La mayoría de las veces
( ) Mucho

17. Hay siempre muchas ideas, pensamientos y diálogos internos en mi cabeza, como una especie de "charla".

( ) Nunca
( ) Sólo un poco
( ) Razonablemente
( ) Moderadamente
( ) La mayoría de las veces
( ) Mucho

18. Incluso cuando estoy sentado en silencio, generalmente me muevo mis manos o pies.

( ) Nunca
( ) Sólo un poco
( ) Razonablemente
( ) Moderadamente
( ) La mayoría de las veces
( ) Mucho

19. En las actividades en grupo, es muy difícil tener que esperar mi turno.

( ) Nunca
( ) Sólo un poco
( ) Razonablemente
( ) Moderadamente
( ) La mayoría de las veces
( ) Mucho

20. Mi mente siempre es tan confusa que parece difícil conseguir un buen funcionamiento mental.

( ) Nunca
( ) Sólo un poco
( ) Razonablemente
( ) Moderadamente
( ) La mayoría de las veces
( ) Mucho

21. Pienso en varias cosas simultáneamente, y mis pensamientos parecen moverse como si mi mente fuera una máquina de flipe rama.

( ) Nunca
( ) Sólo un poco
( ) Razonablemente
( ) Moderadamente
( ) La mayoría de las veces
( ) Mucho

22. Mi cerebro parece un aparato de televisión con todos los canales conectados al mismo tiempo.

( ) Nunca
( ) Sólo un poco
( ) Razonablemente
( ) Moderadamente
( ) La mayoría de las veces
( ) Mucho

23. Cuando estoy devaneando queda hasta difícil parar de "soñar despierto".

( ) Nunca
( ) Sólo un poco
( ) Razonablemente
( ) Moderadamente
( ) La mayoría de las veces
( ) Mucho

24. Estoy angustiado por la manera desorganizada del funcionamiento de mi cerebro.

( ) Nunca
( ) Sólo un poco
( ) Razonablemente
( ) Moderadamente
( ) La mayoría de las veces
( ) Mucho

Cómo Evaluar

a) De 0 a 24 puntos – Probablemente no tiene **TDAH**

b) De 25 a 34 puntos – Posee sólo algunos síntomas del **TDAH**

c) De 35 a 49 puntos – La persona evaluada probablemente posee el **TDAH** con la gravedad actual promedio.

d) De 50 a 69 puntos – La persona evaluada, probablemente posee el **TDAH** con gravedad actual moderada.

e) Encima de 70 puntos – La persona evaluada tiene **TDAH**

NOTA: se debe tener en cuenta que, las puntuaciones altas en este examen pueden resultar de episodios de ansiedad, depresión o de manía. Estas condiciones deben descartarse antes de que se pueda confirmar un diagnóstico de **TDAH** en adulto.

Conners Rating Scales
Versiones para Padres y Profesores

Entre los instrumentos más utilizados actualmente para verificar las características diagnósticas del Trastorno por Déficit de Atención con Hiperactividad (**TDAH**) destacan para las Escalas de Evaluación de Conners – Versiones para Padres y Profesores. Elaborado en 1969, por el entonces psicólogo norteamericano, Carmen Keith Conners, la escala fue ligeramente adaptada a otros países, y con su amplia difusión se convirtió en una de las herramientas mejor evaluadas para constatar la presencia de los síntomas del **TDAH**. Sin embargo, a pesar de toda su eficacia reconocida mundialmente, por presentar una estructura similar al de una entrevista semiestructurada, su aplicación aislada, no puede confirmar el diagnóstico del **TDAH**.

Escala de Conners para Profesores – Versión Reducida

A continuación se presentan los problemas más frecuentes que afectan a los niños durante su proceso de desarrollo. Y, aunque muchas de estas características son adecuadas a los comportamientos normales, se debe analizar atentamente si estas manifestaciones presentan altos valores a nivel de intensidad, frecuencia y / o duración. Por lo tanto, las siguientes preguntas deben ser contestadas teniendo en cuenta el comportamiento del niño durante el mes pasado. Por lo tanto, se recomienda que, para cada ítem, pregunte: "¿Con qué frecuencia esto ocurrió en el último mes?" A continuación, para cada una de las 28 proposiciones presentadas, marque 1 de las 4 respuestas abajo que mejor corresponda a la persona evaluada.

1. **Nunca = 0 Puntos**
2. **Un Poco = 1 punto**
3. **Frecuentemente = 2 Puntos**
4. **Muy Frecuentemente = 3 puntos**

1. **Desatento. Es fácilmente distraído**

( ) Nunca
( ) Un Poco
( ) Frecuentemente
( ) Muy Frecuentemente

2. **Conducta desafiante con adultos**

( ) Nunca
( ) Un Poco
( ) Frecuentemente
( ) Muy Frecuentemente

3. **Inquieto. Parece tener "hormigas por el cuerpo" (mueve el cuerpo sin salir del lugar)**

( ) Nunca
( ) Un Poco
( ) Frecuentemente
( ) Muy Frecuentemente

4. Olvida las cosas que (s) que había aprendido

( ) Nunca
( ) Un Poco
( ) Frecuentemente
( ) Muy Frecuentemente

5. Perturba a los otros niños

( ) Nunca
( ) Un Poco
( ) Frecuentemente
( ) Muy Frecuentemente

6. Desafía a los adultos y no colabora con los pedidos que se le hacen

( ) Nunca
( ) Un Poco
( ) Frecuentemente
( ) Muy Frecuentemente

7. Se mueve mucho, como si estuviera siempre "conectado a un motor"

( ) Nunca
( ) Un Poco
( ) Frecuentemente
( ) Muy Frecuentemente

8. Deletree de forma pobre

( ) Nunca
( ) Un Poco
( ) Frecuentemente
( ) Muy Frecuentemente

9. No es capaz de permanecer sosegado por mucho tiempo

( ) Nunca
( ) Un Poco
( ) Frecuentemente
( ) Muy Frecuentemente

10. Es vengativo o malvado

( ) Nunca
( ) Un Poco
( ) Frecuentemente
( ) Muy Frecuentemente

11. Se levanta del lugar en el aula o en otras situaciones donde debería estar sentado

( ) Nunca
( ) Un Poco
( ) Frecuentemente
( ) Muy Frecuentemente

12. Mueve los pies, las manos o está siempre inquieto en su lugar

( ) Nunca
( ) Un Poco
( ) Frecuentemente
( ) Muy Frecuentemente

13. Capacidad de lectura por debajo de lo esperado

( ) Nunca
( ) Un Poco
( ) Frecuentemente
( ) Muy Frecuentemente

14. Cuenta con un corto tiempo de atención

( ) Nunca
( ) Un Poco
( ) Frecuentemente
( ) Muy Frecuentemente

15. Por lo general, discute o contesta a los adultos

( ) Nunca
( ) Un Poco
( ) Frecuentemente
( ) Muy Frecuentemente

16. Dirige la atención únicamente a los asuntos de su interés

( ) Nunca
( ) Un Poco
( ) Frecuentemente
( ) Muy Frecuentemente

17. Tiene dificultad en esperar a su turno

( ) Nunca
( ) Un Poco
( ) Frecuentemente
( ) Muy Frecuentemente

18. Demuestra falta de interés por los trabajos escolares

( ) Nunca
( ) Un Poco
( ) Frecuentemente
( ) Muy Frecuentemente

19. Distraído o presenta un breve tiempo de atención

( ) Nunca
( ) Un Poco
( ) Frecuentemente
( ) Muy Frecuentemente

20. Tiene un temperamento explosivo e imprevisible

( ) Nunca
( ) Un Poco
( ) Frecuentemente
( ) Muy Frecuentemente

21. Corre alrededor del espacio de forma excesiva en situaciones que estos comportamientos son inadecuados

( ) Nunca
( ) Un Poco
( ) Frecuentemente
( ) Muy Frecuentemente

22. Tiene conocimiento pobre en aritmética

( ) Nunca
( ) Un Poco
( ) Frecuentemente
( ) Muy Frecuentemente

23. Interrumpe y / o se entromete en los juegos o conversaciones de otras personas

( ) Nunca
( ) Un Poco
( ) Frecuentemente
( ) Muy Frecuentemente

24. Tiene dificultad para empeñarse en juegos o actividades de ocio, de forma sosegada

( ) Nunca
( ) Un Poco
( ) Frecuentemente
( ) Muy Frecuentemente

25. Generalmente, no termina las cosas que comienza

( ) Nunca
( ) Un Poco
( ) Frecuentemente
( ) Muy Frecuentemente

26. Por lo general no seguir las instrucciones dadas a usted y no termina las actividades escolares (no debido a la conducta de oposición o una falta de comprensión de lo que se pidió)

( ) Nunca
( ) Un Poco
( ) Frecuentemente
( ) Muy Frecuentemente

27. Excitable e impulsivo

( ) Nunca
( ) Un Poco
( ) Frecuentemente
( ) Muy Frecuentemente

28. Inquieto. Está siempre levantándose de la silla y moviéndose por el espacio de la sala

( ) Nunca
( ) Un Poco
( ) Frecuentemente
( ) Muy Frecuentemente

Escala de Conners para los Padres – Versión reducida

A continuación se presentan los problemas más frecuentes que afectan a los niños durante su proceso de desarrollo. Y, aunque muchas de estas características son adecuadas a los comportamientos normales, se debe analizar atentamente si estas manifestaciones presentan altos valores a nivel de intensidad, frecuencia y / o duración. De esta manera, las preguntas abajo deben ser respondidas considerando el comportamiento del niño durante el último mes. Por lo tanto, se recomienda que, para cada ítem, pregunte: "¿Con qué frecuencia esto ocurrió en el último mes?" A continuación, para cada una de las 27 proposiciones presentadas, marque 1 de las 4 respuestas abajo que mejor corresponda a la persona evaluada.

1. **Nunca = 0 Puntos**
2. **Un Poco = 1 punto**
3. **Frecuentemente = 2 Puntos**
4. **Muy Frecuentemente = 3 puntos**

1. **Desatento. Se distrae fácilmente**

( ) Nunca

( ) Un Poco

( ) Frecuentemente

( ) Muy Frecuentemente

2. Furioso Si irrita con facilidad, y queda resentido

( ) Nunca

( ) Un Poco

( ) Frecuentemente

( ) Muy Frecuentemente

3. Dificultad en hacer o terminar los trabajos de casa

( ) Nunca

( ) Un Poco

( ) Frecuentemente

( ) Muy Frecuentemente

4. Está siempre moviendo o actúa como "teniendo las pilas cargadas" o como si "estuviera ligado a un motor"

( ) Nunca

( ) Un Poco

( ) Frecuentemente

( ) Muy Frecuentemente

5. Tiempo corto de atención

( ) Nunca

( ) Un Poco

( ) Frecuentemente

( ) Muy Frecuentemente

6. Discute y / o argumenta con los adultos de manera inadecuada

( ) Nunca

( ) Un Poco

( ) Frecuentemente

( ) Muy Frecuentemente

7. Mueve mucho con los pies y las manos, o te mueves incluso cuando estás sentado en un lugar

( ) Nunca

( ) Un Poco

( ) Frecuentemente

( ) Muy Frecuentemente

8. Generalmente, no consigue y / o tiene dificultad para completar sus actividades

( ) Nunca

( ) Un Poco

( ) Frecuentemente

( ) Muy Frecuentemente

9. Tiene mayor dificultad para sí controlar en centros comerciales o lugares públicos

( ) Nunca

( ) Un Poco

( ) Frecuentemente

( ) Muy Frecuentemente

10. Desordenado y / o desorganizado en casa y / o en la escuela

( ) Nunca

( ) Un Poco

( ) Frecuentemente

( ) Muy Frecuentemente

11. Irascible. Perder el control con facilidad

( ) Nunca

( ) Un Poco

( ) Frecuentemente

( ) Muy Frecuentemente

12. Necesita ser cobrado o acompañado para realizar sus tareas

( ) Nunca

( ) Un Poco

( ) Frecuentemente

( ) Muy Frecuentemente

13. Sólo presta atención a las cosas que le interesan

( ) Nunca

( ) Un Poco

( ) Frecuentemente

( ) Muy Frecuentemente

14. Corre alrededor de los espacios de forma excesiva en situaciones donde estos comportamientos son inapropiados

( ) Nunca

( ) Un Poco

( ) Frecuentemente

( ) Muy Frecuentemente

15. Distraído y / o con un tiempo de atención corto

( ) Nunca

( ) Un Poco

( ) Frecuentemente

( ) Muy Frecuentemente

16. Irritable

( ) Nunca

( ) Un Poco

( ) Frecuentemente

( ) Muy Frecuentemente

17. Evita tareas que requieren un esfuerzo mental continuado (tal como trabajos de la escuela o de la casa)

( ) Nunca

( ) Un Poco

( ) Frecuentemente

( ) Muy Frecuentemente

18. Irrequieto, parece que "tiene hormigas en el cuerpo" (mueve el cuerpo sin salir del lugar)

( ) Nunca

( ) Un Poco

( ) Frecuentemente

( ) Muy Frecuentemente

19. Se distrae mientras le están dando instrucciones para hacer una cosa

( ) Nunca

( ) Un Poco

( ) Frecuentemente

( ) Muy Frecuentemente

20. Desafía el adulto o se niega a cumplir las órdenes que se le hizo

( ) Nunca

( ) Un Poco

( ) Frecuentemente

( ) Muy Frecuentemente

21. Demuestra problemas de concentración durante lecciones

( ) Nunca

( ) Un Poco

( ) Frecuentemente

( ) Muy Frecuentemente

22. Tiene dificultad para permanecer parado en una fila o esperar a su turno en un juego o en un trabajo de grupo

( ) Nunca

( ) Un Poco

( ) Frecuentemente

( ) Muy Frecuentemente

23. Levántese de la silla en el aula o en otros lugares donde debería permanecer sentado

( ) Nunca

( ) Un Poco

( ) Frecuentemente

( ) Muy Frecuentemente

24. Deliberadamente hace cosas para molestar a los demás.

( ) Nunca

( ) Un Poco

( ) Frecuentemente

( ) Muy Frecuentemente

25. No sigue instrucciones y normalmente no termina los trabajos, tareas y obligaciones en el lugar (mismo sin dificultad para comprender las instrucciones o negativa)

( ) Nunca

( ) Un Poco

( ) Frecuentemente

( ) Muy Frecuentemente

26. Tiene dificultad para jugar o trabajar en silencio, tranquilamente

( ) Nunca

( ) Un Poco

( ) Frecuentemente

( ) Muy Frecuentemente

27. Se siente frustrado cuando no puede realizar algunas cosas

( ) Nunca

( ) Un Poco

( ) Frecuentemente

( ) Muy Frecuentemente

Escala de Conners para Padres y Profesores
Versión Adaptada

Adaptado y validado en **casi todo el** mundo, la versión integrada de la escala de Conners para padres y profesores se compone de cuatro factores distribuidos entre 81 proposiciones, que se caracterizan por el perfil resultante de niños y / o adolescentes con **TDAH**. Así, mientras que algunas escalas solamente investigan la presencia de manifestaciones sintomáticas actuales, escalas de valoración Conners permite además analizar sistemáticamente, cada uno de los síntomas incluidos en el DSM, que se remontan a la infancia y la adolescencia.

1. **Nunca = 0 Puntos**
2. **A veces = 1 Punto**
3. **Frecuentemente = 2 Puntos**
4. **Siempre = 3 Puntos**

Versión para padres – Punto de corte igual a 58

1. Comportamiento habitual en casa

Despierta durante la noche

( ) Nunca

( ) A veces

( ) Frecuentemente

( ) Siempre

Tiene miedo de situaciones nuevas

( ) Nunca

( ) A veces

( ) Frecuentemente

( ) Siempre

Tiene miedo de gente

( ) Nunca

( ) A veces

( ) Frecuentemente

( ) Siempre

Tiene miedo de quedarse solo

( ) Nunca

( ) A veces

( ) Frecuentemente

( ) Siempre

Preocupaciones con enfermedades y muerte

( ) Nunca

( ) A veces

( ) Frecuentemente

( ) Siempre

Se muestra tenso y rígido

( ) Nunca

( ) A veces

( ) Frecuentemente

( ) Siempre

Presenta espasmos musculares

( ) Nunca

( ) A veces

( ) Frecuentemente

( ) Siempre

Presenta temblores

( ) Nunca

( ) A veces

( ) Frecuentemente

( ) Siempre

Siente dolores de cabeza

( ) Nunca

( ) A veces

( ) Frecuentemente

( ) Siempre

Siente dolores de estómago

( ) Nunca

( ) A veces

( ) Frecuentemente

( ) Siempre

Tiene vómitos

( ) Nunca

( ) A veces

( ) Frecuentemente

( ) Siempre

Se queja de enfermedades y dolores

( ) Nunca

( ) A veces

( ) Frecuentemente

( ) Siempre

Es influenciado por otros niños

( ) Nunca

( ) A veces

( ) Frecuentemente

( ) Siempre

Desafía e intimida a los demás

( ) Nunca

( ) A veces

( ) Frecuentemente

( ) Siempre

Es valiente (arrogante) y no respeta a sus superiores (insolente)

( ) Nunca

( ) A veces

( ) Frecuentemente

( ) Siempre

Es descarado con los adultos

( ) Nunca

( ) A veces

( ) Frecuentemente

( ) Siempre

Tímido delante los amigos

( ) Nunca

( ) A veces

( ) Frecuentemente

( ) Siempre

Temes no complacer a tus amigos

( ) Nunca

( ) A veces

( ) Frecuentemente

( ) Siempre

Tiene amigos

( ) Nunca

( ) A veces

( ) Frecuentemente

( ) Siempre

Es malicioso con sus hermanos

( ) Nunca

( ) A veces

( ) Frecuentemente

( ) Siempre

Provoca peleas constantemente

( ) Nunca

( ) A veces

( ) Frecuentemente

( ) Siempre

Critica mucho a otros niños

( ) Nunca

( ) A veces

( ) Frecuentemente

( ) Siempre

Aprende las lecciones enseñadas en la escuela

( ) Nunca

( ) A veces

( ) Frecuentemente

( ) Siempre

Le gusta ir a la escuela

( ) Nunca

( ) A veces

( ) Frecuentemente

( ) Siempre

Tiene miedo de ir a la escuela

( ) Nunca

( ) A veces

( ) Frecuentemente

( ) Siempre

No obedece las reglas de la escuela

( ) Nunca

( ) A veces

( ) Frecuentemente

( ) Siempre

Mente, culpando a los demás por sus errores

( ) Nunca

( ) A veces

( ) Frecuentemente

( ) Siempre

Roba cosas de sus padres

( ) Nunca

( ) A veces

( ) Frecuentemente

( ) Siempre

Roba en la escuela

( ) Nunca

( ) A veces

( ) Frecuentemente

( ) Siempre

Roba en puestos, tiendas y en otros lugares

( ) Nunca

( ) A veces

( ) Frecuentemente

( ) Siempre

Tiene problemas con las autoridades

( ) Nunca

( ) A veces

( ) Frecuentemente

( ) Siempre

Intenta hacer todo bien hecho (perfeccionista)

( ) Nunca

( ) A veces

( ) Frecuentemente

( ) Siempre

Hay necesidad de hacer siempre las cosas de la misma manera

( ) Nunca

( ) A veces

( ) Frecuentemente

( ) Siempre

Tiene grandes objetivos (sueña alta)

( ) Nunca

( ) A veces

( ) Frecuentemente

( ) Siempre

Se distrae fácilmente

( ) Nunca

( ) A veces

( ) Frecuentemente

( ) Siempre

Se muestra nervioso e inquieto

( ) Nunca

( ) A veces

( ) Frecuentemente

( ) Siempre

No puede quedarse quieto

( ) Nunca

( ) A veces

( ) Frecuentemente

( ) Siempre

Se mueve por todas partes de los lugares donde está

( ) Nunca

( ) A veces

( ) Frecuentemente

( ) Siempre

Despierta muy temprano

( ) Nunca

( ) A veces

( ) Frecuentemente

( ) Siempre

No puede estar tranquilo incluso durante las comidas

( ) Nunca

( ) A veces

( ) Frecuentemente

( ) Siempre

Cuando comienza a hacer algo repetitivo tiene dificultad para detener

( ) Nunca

( ) A veces

( ) Frecuentemente

( ) Siempre

Sus actitudes parecen movidas por un motor

( ) Nunca

( ) A veces

( ) Frecuentemente

( ) Siempre

Versión para profesores – Punto de corte igual a 62

2. Comportamiento en el aula

Está constantemente moviéndose

( ) Nunca

( ) A veces

( ) Frecuentemente

( ) Siempre

Emite sonidos, ruidos

( ) Nunca

( ) A veces

( ) Frecuentemente

( ) Siempre

Le gusta cuando sus órdenes son atendidas muy rápido

( ) Nunca

( ) A veces

( ) Frecuentemente

( ) Siempre

Posee una coordinación motora comprometida

( ) Nunca

( ) A veces

( ) Frecuentemente

( ) Siempre

Inquieto, superactivo

( ) Nunca

( ) A veces

( ) Frecuentemente

( ) Siempre

Excitable, impulsivo

( ) Nunca

( ) A veces

( ) Frecuentemente

( ) Siempre

Desatento y fácilmente distraído

( ) Nunca

( ) A veces

( ) Frecuentemente

( ) Siempre

Por lo general no termina lo que comienza

( ) Nunca

( ) A veces

( ) Frecuentemente

( ) Siempre

Excesivamente sensible

( ) Nunca

( ) A veces

( ) Frecuentemente

( ) Siempre

Extremadamente serio y / o triste

( ) Nunca

( ) A veces

( ) Frecuentemente

( ) Siempre

Sueña despierto

( ) Nunca

( ) A veces

( ) Frecuentemente

( ) Siempre

Malhumorado, gruñón

( ) Nunca

( ) A veces

( ) Frecuentemente

( ) Siempre

Llora con facilidad

( ) Nunca

( ) A veces

( ) Frecuentemente

( ) Siempre

Molesta otros niños

( ) Nunca

( ) A veces

( ) Frecuentemente

( ) Siempre

Provoca confusiones

( ) Nunca

( ) A veces

( ) Frecuentemente

( ) Siempre

Humor oscila drásticamente y con rapidez

( ) Nunca

( ) A veces

( ) Frecuentemente

( ) Siempre

Ingenioso, le gusta lucir inteligente

( ) Nunca

( ) A veces

( ) Frecuentemente

( ) Siempre

Destructivo

( ) Nunca

( ) A veces

( ) Frecuentemente

( ) Siempre

Comete robos

( ) Nunca

( ) A veces

( ) Frecuentemente

( ) Siempre

Mente

( ) Nunca

( ) A veces

( ) Frecuentemente

( ) Siempre

Explosiones de rabia, comportamiento impredecible

( ) Nunca

( ) A veces

( ) Frecuentemente

( ) Siempre

3. Participación en grupo

Se aísla de los otros niños
( ) Nunca
( ) A veces
( ) Frecuentemente
( ) Siempre
No sentirse aceptado por el grupo

( ) Nunca

( ) A veces

( ) Frecuentemente

( ) Siempre

Parece que es fácilmente influenciado

( ) Nunca

( ) A veces

( ) Frecuentemente

( ) Siempre

No demuestra "espíritu deportivo"

( ) Nunca

( ) A veces

( ) Frecuentemente

( ) Siempre

No parece tener habilidades de liderazgo

( ) Nunca

( ) A veces

( ) Frecuentemente

( ) Siempre

No se relaciona bien con el sexo opuesto

( ) Nunca

( ) A veces

( ) Frecuentemente

( ) Siempre

No se relaciona bien con niños del mismo sexo

( ) Nunca

( ) A veces

( ) Frecuentemente

( ) Siempre

Irrita a otros niños o interfiere deliberadamente en sus actividades

( ) Nunca

( ) A veces
( ) Frecuentemente
( ) Siempre

4. Actitud hacia las autoridades

Sumiso

( ) Nunca
( ) A veces
( ) Frecuentemente
( ) Siempre

Desafiador

( ) Nunca
( ) A veces
( ) Frecuentemente
( ) Siempre

Insolente

( ) Nunca
( ) A veces
( ) Frecuentemente
( ) Siempre

Tímido

( ) Nunca
( ) A veces
( ) Frecuentemente
( ) Siempre

Temeroso

( ) Nunca
( ) A veces
( ) Frecuentemente
( ) Siempre

Excesiva exigencia de la atención. Principalmente, del profesor

( ) Nunca

( ) A veces

( ) Frecuentemente

( ) Siempre

Obstinado

( ) Nunca

( ) A veces

( ) Frecuentemente

( ) Siempre

Excesivamente ansiosa de complacer

( ) Nunca

( ) A veces

( ) Frecuentemente

( ) Siempre

Falta de cooperación

( ) Nunca

( ) A veces

( ) Frecuentemente

( ) Siempre

Falta a las clases con frecuencia

( ) Nunca

( ) A veces

( ) Frecuentemente

( ) Siempre

Structured Adult ADHD Self-Test (SAAST)

Desarrollado por el Dr. Greg Mulhauser, la auto prueba estructurado para adultos con **TDAH** es una evaluación de selección que sirve sólo como una característica indicativa para el diagnóstico de **TDAH** en adultos. Constaba de 22 preguntas que diferencian entre dos componentes distintos del diagnóstico de **TDAH** (falta de atención con hiperactividad / impulsividad) esta herramienta se muestra también sensibles a los factores que normalmente previenen el diagnóstico de **TDAH**.

Cómo Usar

De acuerdo con los valores presentados para las 4 opciones de respuesta, las 22 sentencias propuestas abajo deben corresponder a la manera de cómo la persona evaluada se sintió y se comportó durante la mayor parte de su vida adulta.

1. **No, de ningún modo = 0 puntos**
2. **Sí, un poco = 1 punto**
3. **Sí, moderadamente = 2 Puntos**
4. **Sí, mucho = 3 puntos**

1. **Descubrí que cometí errores por descuidos en el trabajo, en la escuela o en otras actividades, porque tengo dificultad en prestar atención a los detalles.**

( ) No, de ningún modo

( ) Sí, un poco

( ) Sí, moderadamente

( ) Sí, mucho

2. Tengo tendencia a moverse con las manos, los pies, o de me retorcer a menudo, en los lugares que debería permanecer quieto

( ) No, de ningún modo

( ) Sí, un poco

( ) Sí, moderadamente

( ) Sí, mucho

3. Muchas veces me distrajo y me pierdo de lo que se está diciendo en las conversaciones.

( ) No, de ningún modo

( ) Sí, un poco

( ) Sí, moderadamente

( ) Sí, mucho

4. Prefiero correr o subir en las cosas, incluso cuando sé que no encaja en la situación.

( ) No, de ningún modo

( ) Sí, un poco

( ) Sí, moderadamente

( ) Sí, mucho

5. Me parece difícil organizar mis tareas y / o actividades.

( ) No, de ningún modo

( ) Sí, un poco

( ) Sí, moderadamente

( ) Sí, mucho

6. Estoy a menudo en movimiento.

( ) No, de ningún modo

( ) Sí, un poco

( ) Sí, moderadamente

( ) Sí, mucho

7. Yo suelo perder cosas que necesito para usar en la escuela o en el trabajo.

( ) No, de ningún modo

( ) Sí, un poco

( ) Sí, moderadamente

( ) Sí, mucho

8. No puedo dejar de responder antes mismo de que alguien haya terminado de hacer una pregunta.

( ) No, de ningún modo

( ) Sí, un poco

( ) Sí, moderadamente

( ) Sí, mucho

9. Me olvido durante mis actividades diarias.

( ) No, de ningún modo

( ) Sí, un poco

( ) Sí, moderadamente

( ) Sí, mucho

10. Me parece difícil mantener mi atención en lo que estoy haciendo, ya sea trabajando o jugando.

( ) No, de ningún modo

( ) Sí, un poco

( ) Sí, moderadamente

( ) Sí, mucho

11. Me parece difícil quedarse sentado, incluso cuando sé que necesito esperar algo.

( ) No, de ningún modo

( ) Sí, un poco

( ) Sí, moderadamente

( ) Sí, mucho

12. Me parece difícil seguir instrucciones o completar tareas o deberes, incluso comprendiendo que eso es lo que se espera de mí.

( ) No, de ningún modo

( ) Sí, un poco

( ) Sí, moderadamente

( ) Sí, mucho

13. Me parece difícil involucrarme en actividades lúdicas o de ocio que son silenciosas.

( ) No, de ningún modo

( ) Sí, un poco

( ) Sí, moderadamente

( ) Sí, mucho

14. No me gusta tener que hacer algo que requiere un esfuerzo mental sostenido.

( ) No, de ningún modo

( ) Sí, un poco

( ) Sí, moderadamente

( ) Sí, mucho

15. Yo suelo hablar excesivamente.

( ) No, de ningún modo

( ) Sí, un poco

( ) Sí, moderadamente

( ) Sí, mucho

16. Estoy fácilmente distraído.

( ) No, de ningún modo

( ) Sí, un poco

( ) Sí, moderadamente

( ) Sí, mucho

17. Tengo dificultad en esperar mi turno.

( ) No, de ningún modo

( ) Sí, un poco

( ) Sí, moderadamente

( ) Sí, mucho

18. A menudo interrumpí a los demás.

( ) No, de ningún modo

( ) Sí, un poco

( ) Sí, moderadamente

( ) Sí, mucho

19. Incluso antes de los 7 años de edad, algunas de las cuestiones anteriores (1-18) todavía se habían marcado con "Sí, moderadamente" o "Sí, mucho".

( ) No

( ) Sí

20. Tengo problemas relacionados con algunas de las situaciones anteriores en más de un contexto. Es decir, tengo manifestaciones de esos problemas no sólo en casa, ni solamente en el trabajo.

( ) No

( ) Sí

21. La presencia de estos problemas suele desencadenar algunos perjuicios en mi vida social, académica, profesional y / o en mis relaciones interpersonales.

( ) No, de ningún modo

( ) Sí, un poco

( ) Sí, moderadamente

( ) Sí, mucho

22. Ya me diagnosticaron antes con otro Trastorno que también podría justificar los tipos de experiencias propuestas arriba. O creo que poso estar pasando por tal desorden. Esto puede incluir Trastorno Generalizado del Desarrollo (PDD), Trastorno del estado de ánimo, Trastorno de ansiedad, Trastorno disociativo, Trastorno de la personalidad, esquizofrenia, u otro Trastorno psicótico.

( ) No

( ) Sí

Cómo Evaluar

Puntuación para las preguntas 1-18:
0 – No, de ningún modo
1 – Sí, un poco
2 – Sí, moderadamente
3 – Sí, mucho

Esto produce una puntuación máxima total de 54. La pregunta 21 se puntea en la misma escala, sin embargo, se utiliza para juzgar si un diagnóstico de **TDAH** debe ser excluido. Por lo tanto, no debe ser incluida en el total final de los puntos. Las preguntas 19, 20 y 22 con la posibilidad de respuestas sólo a SÍ / NO se puntuan como una opción binaria y se utilizan de nuevo para descartar el diagnóstico de **TDAH**. Por ejemplo, la pregunta 19 sobre la presencia de los síntomas antes de los 7 años.

Información Adicional

Las puntuaciones por encima 24, junto con la ausencia de Factores atenuantes (otras condiciones médicas) son generalmente consistente para la presencia de **TDAH**. Luego, si la persona evaluada obtuvo más de 24 puntos en esta prueba es recomendable que busque un especialista para realizar una evaluación más detallada y precisa.

Cuestionario Inicial Para Padres Y Profesores

Compuesto por 179 sentencias, la versión incorporada del Cuestionario Inicial para los Padres y Profesores fue desarrollado mediante la combinación de las características presente en 4 herramientas diferentes que se utilizan en el diagnóstico de **TDAH**: **(1)** DSM, **(2)** Child Behavior Checklist (CBCL), **(3)** Escala de Conners, **(4)** SNAP-IV.

Cómo Usar

A continuación se enumeran los términos descriptivos de los comportamientos de su alumno o hijo. Lea atentamente cada ítem y de acuerdo con las 5 opciones abreviadas de respuesta abajo, marque la que mejor corresponde a la persona evaluada.

1. Nunca / Ni un poco = (N)

2. A Veces / Raramente = (AV)

3. Muchas Veces / Frecuentemente = (MV)

4. Siempre = (S)

5. No Sé Informar = (NSI)

1. Tiene dificultad para adquirir nuevas habilidades motoras
(N)
(A V)
(M V)
(S)

(N S I)

2. Tiene dificultades para lanzar y recepcionar una pelota

(N)

(A V)

(M V)

(S)

(N S I)

3. Tiene dificultades para correr a distintas velocidades (deprisa, despacio)

(N)

(A V)

(M V)

(S)

(N S I)

4. Tiene dificultad (no le gusta) participar en juegos deportivos.

(N)

(A V)

(M V)

(S)

(N S I)

5. Tiene problemas de equilibrio.

(N)

(A V)

(M V)

(S)

(N S I)

6. Tropieza y se cae frecuentemente

(N)

(A V)

(M V)

(S)

(N S I)

7. Sus movimientos son torpes

(N)

(A V)

(M V)

(S)

(N S I)

8. Tiene dificultades para dibujar

(N)

(A V)

(M V)

(S)

(N S I)

9. Tiene dificultades para manipular objetos pequeños

(N)

(A V)

(M V)

(S)

(N S I)

10. Tiene dificultades para verter agua en un vaso

(N)

(A V)

(M V)

(S)

(N S I)

11. Frecuentemente se tira la comida por encima al comer

(N)

(A V)

(M V)

(S)

(N S I)

12. Tiene dificultades para usar el cuchillo y el tenedor

(N)
(A V)
(M V)
(S)
(N S I)

13. Tiene dificultades para abotonarse los botones o atarse los zapatos
(N)
(A V)
(M V)
(S)
(N S I)

14. Tiene dificultades para utilizar el bolígrafo/ lapicero
(N)
(A V)
(M V)
(S)
(N S I)

15. No presenta una dominancia lateral manual clara
(N)
(A V)
(M V)
(S)
(N S I)

16. Su escritura es lenta y torpe
(N)
(A V)
(M V)
(S)

(N S I)

17. Coge el bolígrafo/lapicero de manera incorrecta o inmadura
(N)
(A V)
(M V)
(S)
(N S I)

18. Se equivoca cuando tiene que poner atención a los detalles
(N)
(A V)
(M V)
(S)
(N S I)

19. Tiene dificultad para mantener la atención
(N)
(A V)
(M V)
(S)
(N S I)

20. No parece escuchar cuando le hablan
(N)
(A V)
(M V)
(S)
(N S I)

21. Tiene dificultad para seguir instrucciones concretas

(N)

(A V)

(M V)

(S)

(N S I)

22. Tiene dificultad para organizar las tareas

(N)

(A V)

(M V)

(S)

(N S I)

23. No le gustan las tareas que requieren esfuerzo mental

(N)

(A V)

(M V)

(S)

(N S I)

24. Pierde las cosas con facilidad

(N)

(A V)

(M V)

(S)

(N S I)

25. Se distrae fácilmente

(N)

(A V)

(M V)

(S)
(N S I)

26. Es olvidadizo con las actividades diarias
(N)
(A V)
(M V)
(S)
(N S I)

27. No para de mover las manos o los pies
(N)
(A V)
(M V)
(S)
(N S I)

28. Frecuentemente se levanta de su sitio o de su asiento
(N)
(A V)
(M V)
(S)
(N S I)

29. Corre constantemente y trepa a lugares elevados
(N)
(A V)
(M V)
(S)
(N S I)

30. Tiene dificultad para jugar tranquilamente

(N)
(A V)
(M V)
(S)
(N S I)

31. Está frecuentemente en movimiento
(N)
(A V)
(M V)
(S)
(N S I)

32. Habla excesivamente
(N)
(A V)
(M V)
(S)
(N S I)

33. Responde bruscamente
(N)
(A V)
(M V)
(S)
(N S I)

34. Tiene dificultades para esperar turno
(N)
(A V)
(M V)
(S)

(NSI)

35. Interrumpe o molesta a los demás
(N)
(AV)
(MV)
(S)
(NSI)

36. Le cuesta ponerse en marcha o comenzar la actividad
(N)
(AV)
(MV)
(S)
(NSI)

37. Tiene dificultad para completar las tareas
(N)
(AV)
(MV)
(S)
(NSI)

38. Sueña despierto
(N)
(AV)
(MV)
(S)
(NSI)

39. Presenta falta de energía y movimientos lentos
(N)

(A V)

(M V)

(S)

(N S I)

40. Tiene dificultades para comprender las consecuencias

(N)

(A V)

(M V)

(S)

(N S I)

41. Tiene dificultades para planear la terminación de las tareas...

(N)

(A V)

(M V)

(S)

(N S I)

42. Tiene dificultad para terminar tareas complejas

(N)

(A V)

(M V)

(S)

(N S I)

43. Tiene dificultad para encontrar el camino para evitar un obstáculo

(N)

(A V)

(M V)

(S)
(N S I)

44. Se siente desconcertado por las grandes diferencias...
(N)
(A V)
(M V)
(S)
(N S I)

45. Tiene dificultades para calcular distancias o tamaños
(N)
(A V)
(M V)
(S)
(N S I)

46. Tiene dificultad para saber cómo cambian o se modifican las cosas
(N)
(A V)
(M V)
(S)
(N S I)

47. Se choca con la demás gente
(N)
(A V)
(M V)
(S)
(N S I)

48. Sus conceptos temporales son pobres
(N)
(A V)
(M V)
(S)
(N S I)

49. Tiene una vaga idea sobre qué hora es
(N)
(A V)
(M V)
(S)
(N S I)

50. Pregunta constantemente la hora que es
(N)
(A V)
(M V)
(S)
(N S I)

51. Tiene dificultad para entender los conceptos temporales
(N)
(A V)
(M V)
(S)
(N S I)

52. No le preocupa llevar la ropa apropiada
(N)
(A V)
(M V)

(S)
(N S I)

53. No siente el frio
(N)
(A V)
(M V)
(S)
(N S I)

54. Tiene poca conciencia corporal
(N)
(A V)
(M V)
(S)
(N S I)

55. Es hipersensible al tacto
(N)
(A V)
(M V)
(S)
(N S I)

56. Tiene dificultad para imitar los movimientos de otras personas
(N)
(A V)
(M V)
(S)
(N S I)

57. Interpreta mal los dibujos
(N)
(A V)
(M V)
(S)
(N S I)

58. Tiene dificultad para percibir diferencias entre formas similares
(N)
(A V)
(M V)
(S)
(N S I)

59. Tiene dificultad para dibujar imágenes concretas
(N)
(A V)
(M V)
(S)
(N S I)

60. Tiene dificultad para realizar puzzles
(N)
(A V)
(M V)
(S)
(N S I)

61. Tiene dificultad para recordar datos personales
(N)
(A V)

(M V)
(S)
(N S I)

62. Tiene dificultad para recordar los nombres de la gente
(N)
(A V)
(M V)
(S)
(N S I)

63. Tiene dificultad para recordar los nombres de los días, meses
(N)
(A V)
(M V)
(S)
(N S I)

64. Tiene dificultad para recordar hechos de otras personas
(N)
(A V)
(M V)
(S)
(N S I)

65. Tiene dificultad para recordar eventos vividos recientemente
(N)
(A V)
(M V)
(S)

(N S I)

66. Tiene dificultad para recordar situaciones pasadas
(N)
(A V)
(M V)
(S)
(N S I)

67. Tiene dificultad para recordar dónde puso las cosas
(N)
(A V)
(M V)
(S)
(N S I)

68. Tiene dificultad para recordar citas o encuentros
(N)
(A V)
(M V)
(S)
(N S I)

69. Tiene dificultad para aprender cosas de la rutina diaria
(N)
(A V)
(M V)
(S)
(N S I)

70. Tiene dificultad para recordar instrucciones complejas
(N)

(A V)
(M V)
(S)
(N S I)

71. Tiene dificultad para adquirir nuevos hábitos.
(N)
(A V)
(M V)
(S)
(N S I)

72. Tiene   dificultad   para   entender   explicaciones   o instrucciones
(N)
(A V)
(M V)
(S)
(N S I)

73. Tiene dificultades para seguir una historia leída en voz alta
(N)
(A V)
(M V)
(S)
(N S I)

74. Dificultad para entender el significado de lo que se está diciendo
(N)
(A V)

(M V)

(S)

(N S I)

75. Tiene dificultad con los conceptos abstractos

(N)

(A V)

(M V)

(S)

(N S I)

76. Tiende a interpretar mal lo que se está diciendo

(N)

(A V)

(M V)

(S)

(N S I)

77. Duda al deletrear o decir sonidos de letras

(N)

(A V)

(M V)

(S)

(N S I)

78. Tiene dificultades para aprender el nombre de los colores, las personas

(N)

(A V)

(M V)

(S)

(N S I)

79. Tiene dificultades para encontrar la palabra verdadera, correcta

(N)

(A V)

(M V)

(S)

(N S I)

80. Tiende a recordar las palabras incorrectamente

(N)

(A V)

(M V)

(S)

(N S I)

81. Tiene dificultad para expresar lo que quiere

(N)

(A V)

(M V)

(S)

(N S I)

82. Tiene dificultad para hablar con fluidez

(N)

(A V)

(M V)

(S)

(N S I)

83. Tiene dificultades para expresarse con frases enteras

(N)

(A V)
(M V)
(S)
(N S I)

84. Tiene problemas específicos de habla, no dice bien algún sonido...

(N)
(A V)
(M V)
(S)
(N S I)

85. Tiene dificultades para pronunciar palabras complejas

(N)
(A V)
(M V)
(S)
(N S I)

86. Tiene una voz ronca

(N)
(A V)
(M V)
(S)
(N S I)

87. Tartamudea

(N)
(A V)
(M V)
(S)

(N S I)

88. Habla demasiado deprisa
(N)
(A V)
(M V)
(S)
(N S I)

89. Tiene un habla desordenada
(N)
(A V)
(M V)
(S)
(N S I)

90. Tiene dificultad para expresar que ha sucedido
(N)
(A V)
(M V)
(S)
(N S I)

91. Tiene dificultad para contar una historia en su orden temporal
(N)
(A V)
(M V)
(S)
(N S I)

92. Tiene dificultad para mantener una conversación

(N)
(A V)
(M V)
(S)
(N S I)

93. Tiene dificultad para adquirir habilidades de lectura
(N)
(A V)
(M V)
(S)
(N S I)

94. Tiene dificultades para entender lo que está leyendo
(N)
(A V)
(M V)
(S)
(N S I)

95. Tiene dificultades para leer un texto en voz alta
(N)
(A V)
(M V)
(S)
(N S I)

96. No le gusta leer
(N)
(A V)
(M V)
(S)

(NSI)

97. Inventa cosas cuando lee
(N)
(AV)
(MV)
(S)
(NSI)

98. Tiene dificultades para deletrear palabras
(N)
(AV)
(MV)
(S)
(NSI)

99. Tiene dificultades para decidir con que mano escribir
(N)
(AV)
(MV)
(S)
(NSI)

100. Tiene dificultades para realizar un escrito.
(N)
(AV)
(MV)
(S)
(NSI)

101. Tiene dificultades para adquirir las habilidades básicas de matemáticas

(N)
(AV)
(MV)
(S)
(NSI)

102. Tiene dificultades con los problemas de matemáticas formulados por escrito
(N)
(AV)
(MV)
(S)
(NSI)

103. Tiene dificultades para aplicar varias reglas para resolver cuentas matemáticas
(N)
(AV)
(MV)
(S)
(NSI)

104. Tiene dificultades para aprender la tabla de multiplicar
(N)
(AV)
(MV)
(S)
(NSI)

105. Tiene dificultades para el cálculo mental
(N)

(A V)

(M V)

(S)

(N S I)

106. Tiene dificultades para entender instrucciones

(N)

(A V)

(M V)

(S)

(N S I)

107. Tiene dificultades para entender o usar términos abstractos

(N)

(A V)

(M V)

(S)

(N S I)

108. Tiene dificultad para participar en conversaciones con gente de su misma edad

(N)

(A V)

(M V)

(S)

(N S I)

109. Tiene dificultades para aprender situaciones del medio ambiente

(N)

(A V)

(M V)
(S)
(N S I)

110. Tiene dificultades para planear y organizarse
(N)
(A V)
(M V)
(S)
(N S I)

111. Tiene dificultades para cambiar de planes o estrategias
(N)
(A V)
(M V)
(S)
(N S I)

112. Tiene dificultades para seguir las explicaciones de los adultos
(N)
(A V)
(M V)
(S)
(N S I)

113. Tiene dificultades para solucionar tareas abstractas
(N)
(A V)
(M V)
(S)
(N S I)

114. Tiene dificultad para completar tareas

(N)

(A V)

(M V)

(S)

(N S I)

115. No tiene motivación hacia el trabajo escolar

(N)

(A V)

(M V)

(S)

(N S I)

116. Es lento en situaciones de aprendizaje

(N)

(A V)

(M V)

(S)

(N S I)

117. Hace las cosas demasiado apresurado

(N)

(A V)

(M V)

(S)

(N S I)

118. No se responsabiliza de sus actos

(N)

(A V)

(M V)
(S)
(N S I)

119. Necesita del apoyo de los otros
(N)
(A V)
(M V)
(S)   .
(N S I)

120. No entiende las señales sociales de otras personas
(N)
(A V)
(M V)
(S)
(N S I)

121. Tiene dificultad para entender los sentimientos de otras personas
(N)
(A V)
(M V)
(S)
(N S I)

122. Tiene dificultad para tener en cuenta las necesidades de otras personas
(N)
(A V)
(M V)
(S)

(N S I)

123. Tiene dificultad para expresar emociones con palabras
(N)
(A V)
(M V)
(S)
(N S I)

124. Tiene una voz monótona o diferente a la que corresponde a su edad
(N)
(A V)
(M V)
(S)
(N S I)

125. Tiene dificultades para expresar con el lenguaje corporal sus propias emociones
(N)
(A V)
(M V)
(S)
(N S I)

126. Tiene un estilo pasado de moda
(N)
(A V)
(M V)
(S)
(N S I)

127. Se comporta de un modo diferente al que se espera por su edad

(N)

(AV)

(MV)

(S)

(NSI)

128. Tiene dificultades para saber cómo comportarse socialmente

(N)

(AV)

(MV)

(S)

(NSI)

129. Es percibido por los de su misma edad como raro o extraño

(N)

(AV)

(MV)

(S)

(NSI)

130. Hace el ridículo en público con facilidad

(N)

(AV)

(MV)

(S)

(NSI)

131. Parece no tener sentido común

(N)
(AV)
(MV)
(S)
(NSI)

132. Tiene poco sentido del humor
(N)
(AV)
(MV)
(S)
(NSI)

133. Dice cosas socialmente inapropiadas
(N)
(AV)
(MV)
(S)
(NSI)

134. Tiene dificultad para seguir las reglas
(N)
(AV)
(MV)
(S)
(NSI)

135. Se pelea con los de su edad
(N)
(AV)
(MV)
(S)

(N S I)

136. Tiene dificultad para entender o respetar los derechos de los otros
(N)
(A V)
(M V)
(S)
(N S I)

137. Tiene dificultad en actividades grupales, se inventa sus propias reglas
(N)
(A V)
(M V)
(S)
(N S I)

138. Tiene dificultad para encontrar amigos
(N)
(A V)
(M V)
(S)
(N S I)

139. Se relaciona poco con los de su misma edad
(N)
(A V)
(M V)
(S)
(N S I)

140. Tiene dificultad en los juegos de grupo

(N)

(A V)

(M V)

(S)

(N S I)

141. No es aceptado por lo demás en el juego

(N)

(A V)

(M V)

(S)

(N S I)

142. No está interesado por el contacto físico

(N)

(A V)

(M V)

(S)

(N S I)

143. Tiene poco interés en las cosas que le afectan

(N)

(A V)

(M V)

(S)

(N S I)

144. Repite frecuentemente cosas sin sentido

(N)

(A V)

(M V)

(S)
(N S I)

145. No le gustan o se enfada por pequeños cambios en la rutina
(N)
(A V)
(M V)
(S)
(N S I)

146. Tiene un punto de vista social diferente a los de su edad
(N)
(A V)
(M V)
(S)
(N S I)

147. Tiene una pobre confianza en sí mismo/a
(N)
(A V)
(M V)
(S)
(N S I)

148. Esta infeliz, deprimido, triste
(N)
(A V)
(M V)
(S)
(N S I)

149. Tiene sentimientos de soledad

(N)

(A V)

(M V)

(S)

(N S I)

150. Ha intentado infringirse daño corporal a si mismo

(N)

(A V)

(M V)

(S)

(N S I)

151. Tiene poco apetito habitualmente

(N)

(A V)

(M V)

(S)

(N S I)

152. Se siente inútil, sin valor

(N)

(A V)

(M V)

(S)

(N S I)

153. Se queja de dolor de cabeza, barriga etc.

(N)

(A V)

(M V)
(S)
(N S I)

154. Aparece tenso y preocupado habitualmente
(N)
(A V)
(M V)
(S)
(N S I)

155. Le preocupa salir de casa
(N)
(A V)
(M V)
(S)
(N S I)

156. Duerme menos que otros niños
(N)
(A V)
(M V)
(S)
(N S I)

157. Tiene pesadillas
(N)
(A V)
(M V)
(S)
(N S I)

158. Anda dormido, sonámbulo o tiene otros problemas en la noche

(N)

(A V)

(M V)

(S)

(N S I)

159. «Pierde los estribos» (se enfada fuertemente) con facilidad

(N)

(A V)

(M V)

(S)

(N S I)

160. Discute con los adultos

(N)

(A V)

(M V)

(S)

(N S I)

161. Se niega a seguir las instrucciones de los adultos

(N)

(A V)

(M V)

(S)

(N S I)

162. Molesta a otros

(N)

(A V)
(M V)
(S)
(N S I)

163. Frecuentemente culpa a otros de sus fallos
(N)
(A V)
(M V)
(S)
(N S I)

164. Frecuentemente desprecia, insulta o molesta a otros
(N)
(A V)
(M V)
(S)
(N S I)

165. Tiene frecuentes peleas
(N)
(A V)
(M V)
(S)
(N S I)

166. Es cruel con los animales
(N)
(A V)
(M V)
(S)
(N S I)

167. Miente y engaña

(N)

(A V)

(M V)

(S)

(N S I)

168. Roba cosas en casa

(N)

(A V)

(M V)

(S)

(N S I)

169. Frecuentemente destroza cosas de su familiares

(N)

(A V)

(M V)

(S)

(N S I)

170. Tiene episodios de actividad extremadamente alta

(N)

(A V)

(M V)

(S)

(N S I)

171. Tiene episodios recurrentes de irritabilidad

(N)

(A V)

(MV)
(S)
(NSI)

172. Repite compulsivamente ciertas actividades
(N)
(AV)
(MV)
(S)
(NSI)

173. Tiene obsesiones e ideas fijas
(N)
(AV)
(MV)
(S)
(NSI)

174. Tiene movimientos incontrolados y tics
(N)
(AV)
(MV)
(S)
(NSI)

175. Repite movimientos sin sentido
(N)
(AV)
(MV)
(S)
(NSI)

176. Emite sonidos sin motivo
(N)

(A V)

(M V)

(S)

(N S I)

177. Tiene dificultad para estar quieto

(N)

(A V)

(M V)

(S)

(N S I)

178. Repite palabras o parte de ellas

(N)

(A V)

(M V)

(S)

(N S I)

179. Usa palabras malsonantes de forma exagerada.

(N)

(A V)

(M V)

(S)

(N S I)

Consideraciones

1) Las dificultades presentadas anteriormente interfieren y / o entorpecen en su aprendizaje:

No ( )

Sí ( )

No sé ( )

2)Las dificultades presentadas anteriormente interfieren y / o entorpecen su relación con otros niños, con los profesores, los funcionarios de la escuela y / o con sus familiares:

No ( )

Sí ( )

No sé ( )

Wender Utah Rating Scale (WURS) for TDAH

Que consta de 61 artículos y un subconjunto de 25 preguntas relacionadas con el diagnóstico de **TDAH**, la Escala de calificación de Wender Utah es un instrumento de auto informe diseñada para la evaluación dimensional retrospectiva del **TDAH** en la infancia para adultos y tiene sido ampliamente utilizada en este contexto. Según el último estudio también encontró que la escala puede utilizar adecuadamente para predecir los casos de Distimia, Trastorno de Oposición Desafiante, problemas en el trabajo escolar, Trastornos de Conducta y Trastornos de Ansiedad en adultos con **TDAH**. Con base en los criterios del DSM, la Escala de calificación de Wender Utah mide los síntomas de **TDAH** en adultos en siete categorías:

(a) Dificultades De Atención;
(b) Hiperactivo / Inquietud;
(c) Temperamento;
(d) Labilidad Afectiva;
(e) Hiperreactividad Emocional;
(f) Desorganización;
(g) Impulsividad;

Cómo Usar

Las 61 sentencias deberán ser respondidas por el adulto evaluado, considerando sus comportamientos durante la infancia (Cuando niño, yo era o tenía ...). Y a partir de sus conclusiones, señalar el valor referente a la opción de respuesta que mejor representa la condición de la persona evaluada.

1. **Ni un poco o muy ligeramente = 0 puntos**
2. **Suavemente = 1 Punto**
3. **Moderadamente = 2 Puntos**
4. **Bastante = 3 Puntos**
5. **Mucho = 4 Puntos**

Cuando niño, yo era (o tenía)

1. Activo, agitado y estaba siempre en movimiento

2. Tenía miedo de muchas cosas

3. Problemas de concentración, fácilmente distraído

4. Preocupación, ansiedad

5. Nervioso, inquieto

6. Desatento, "Soñaba Despierto"

7. Punto de ebullición, "baja o alta temperatura"

8. Tímido y sensible

9. Temperamento explosivo, accesos de rabia

10. Dificultad con la persistencia para conseguir terminar las cosas que comenzaba

11. Testarudo

12. Triste, infeliz o deprimido

13. Perverso y / o diabólico en los juegos

14. No apreciaba muchas cosas, insatisfecho con la vida

15. Rebelde, desobediente y atrevido con mis padres

16. Baja opinión sobre mí mismo

17. Irritable

18. Extrovertido y amigable en compañía de otras personas

19. Descuidado, desorganizado

20. Alto y bajo estado de ánimo

21. Bravo, valiente

22. Amigos populares

23. Bien organizado, ordenado

24. Actuar de forma impulsiva, sin pensar

25. Tendencia a ser inmaduro

26. Sentimientos de culpa, de arrepentimiento

27. Perdí el control de mí mismo

28. Tendencia a ser o actuar de manera irracional

29. Impopular con otros niños no mantuvo amigos por mucho tiempo no se llevaba bien con otros niños

30. Sin coordinación motora, no participaba de deportes

31. Miedo a perder control

32. Buena coordinación motora, era el primero en ser elegido para los juegos

33. Shameless (sólo para mujeres)

34. Había huido de casa

35. Involucrado en peleas

36. Molestando a otros niños

37. Líder, mandón

38. Dificultad para despertarse

39. Seguidor, demasiado orientado

40. Dificultad para ver las cosas desde el punto de vista de otra persona

41. Problemas con las autoridades. En la escuela estaba siempre en la oficina del director

42. Problemas con la policía

Problemas médicos cuando es niño

43. Dolores De Cabeza

44. Dolores De Estómago

45. Presión De Vientre

46. Diarrea

47. Algunas Alergias Alimentarias

48. Otras Alergias

49. Enuresis

Cuando niño, en la escuela yo era (o tenía)

50. En general, un alumno mediano

51 En general, un estudiante pobre, con el aprendizaje lento

52 Se tardó en empezar a leer

53 Lector lento

54 Dificultad para cambiar las letras

55 Problemas con la ortografía

56 Problemas con matemática y / o números

57 Caligrafía mala

58 Capaz de leer bien, pero nunca me ha gustado mucho leer.

59 No alcanzaba mi potencial esperado

60. Notas bajas repetidas

61. Suspenso o expulsado

25 Cuestiones relacionadas con el TDAH

3. Problemas de concentración, fácilmente distraído

4. Preocupaciones, ansiedad

5. Nervioso, inquieto

6. Desatento, "Soñaba Despierto"

7. Punto de ebullición, "baja o alta temperatura"

9. Temperamento explosivo, accesos de rabia

10. Dificultad con la persistencia para conseguir terminar las cosas que comenzaba

11. Terco y obstinado

12. Triste, infeliz o deprimido

15. Rebelde, desobediente y atrevido con mis padres

16. Baja opinión sobre mí mismo

17. Irritable

20. Cambios de humor, subidas y bajadas en el temperamento

21. Bravo, valiente

24. Actuando de forma impulsiva, sin pensar

25. Tendencia a ser inmaduro

26. Sentimientos de culpa, de arrepentimiento

27. Perdiendo el control de mí mismo

28. Tendencia a ser o actuar de manera irracional

29. Impopular con otros niños no mantuvo amigos por mucho tiempo no se llevaba bien con otros niños

40. Dificultad para ver las cosas desde el punto de vista de otra persona

41. Problemas con las autoridades. En la escuela estaba siempre en la oficina del director

Cuando niño, en la escuela yo era (o tenía)

51. En general, un estudiante pobre, con el aprendizaje lento

56. Problemas con matemática y / o números

59. No alcanzaba mi potencial esperado

Cómo Evaluar

La suma de las 25 preguntas relacionadas con el **TDAH** se utiliza para calcular una puntuación resumida del **TDAH**. Porque la escala de evaluación de Wender Utah no clasifica por separado los subtipos de **TDAH** (especificadores de presentación), la puntuación resumida del **TDAH** no se puede integrar a otras subtipos de puntuación.

El suscriptor de WURS = _____ (suma de las 25 preguntas relacionadas con el **TDAH**)

Una puntuación menor que 50 indica que los síntomas de **TDAH** no son consistentes con un diagnóstico positivo para la dificultad de atención.

Una puntuación mayor o igual a 50 indica que los síntomas de **TDAH** son consistentes con un diagnóstico positivo para la dificultad de atención.

La puntuación resumida aumenta a medida que aumenta la gravedad de las respuestas de **TDAH**. La puntuación sumaria, por lo tanto, se calcula sumando las respuestas el valor obtenido con las 25 preguntas relacionadas al **TDAH** y usando un punto de corte de 46.

DURANTE MEDIADOS de 2005, mientras yo concluía la 1ª Edición del libro, **Yo y Mi Amigo DDA – Autobiografía de un portador del Trastorno por Déficit de Atención con Hiperactividad**. Después de pasar un largo período dedicado a las investigaciones, intercambio de informaciones constantes con estudiosos y otros portadores del disturbio – además de la experiencia empírica y sensorial de mi propia vivencia con el trastorno – conseguí reunir las 75 (setenta y cinco) características cognitivas y comportamentales más comunes observadas entre los diferentes subtipos del **TDAH**:

1. Tendencia a aumentar la proporción de un problema. Por pequeño que sea, puede ser capaz de consumirle por horas, días o incluso meses.

2. Aunque no se le da a las mentiras, le encanta incrementar los relatos, poniendo más emoción en las historias antes de contarlas.

3. Es capaz de, en un solo día, experimentar las más extremas oscilaciones de humor. Podría despertarse triste, y en el correr del día, algo inexplicable o incluso banal reavivar su entusiasmo.

4. Generalmente es intenso.

5. Es impulsivo en las actitudes y / o en las conversaciones.

6. Perfeccionista. Como una especie de defensa ante las críticas, o para encubrir algunos rasgos de baja autoestima.

7. Siente que le gusta más que los demás de oír elogios, como si los necesitase.

8. Cambia constantemente de tema durante las conversaciones. Casi siempre, mientras están hablando de algo, ya está impaciente por dentro, queriendo pasar inmediatamente a otro asunto.

9. Dificultad para seguir una sola línea de raciocinio. Es capaz de pensar en varias cosas simultáneamente.

10. Ama intensamente la vida.

11. Fue el payaso, transgresor o el líder de grupos en las escuelas.

12. Al notar a alguien triste, intenta rápidamente encontrar fórmulas para agradarla.

13. Tendencia a la distracción. Dificultad para sostener la atención durante mucho tiempo en una misma tarea.

14. Anticipa futuros diálogos pensamientos. Creando preguntas y / o ya articulando respuestas.

15. Dejar las cosas, ideas y / o proyectos sin terminar.

16.   Es extremista. Se puede decir que es ocho o ochenta.

17.   Siente tener muchos momentos de inspiración.

18.   Detesta arrogancia e injusticia.

19.   Normalmente, tiene buen dominio sobre asuntos que le interesan.

20.   Tiene concentración selectiva (mucha o poca concentración): si algo no le interesa, por ejemplo, se pierde en el medio del párrafo de un texto o en una escena de novela sumergida en sus devaneos. Sin embargo, cuando lo contrario ocurre, es capaz de involucrarse de tal manera dentro de los libros o películas, como si formara parte de ellos.

21.   Sueña constantemente despierto. Muchas veces, se entretiene tanto con los devaneos que se distrae en el momento real.

22.   Es muy olvidado. Normalmente tiene dificultades para registrar nombres, fechas, teléfonos y citas.

23.   Dificultad de organización.

24.   Él tenía apodos o ellos tienen tales como: desordenado, desorganizado, grosero, tonto, empollón, exagerada, olvidado off "marciano" o perezoso.

25.   No es incomprendido o mal interpretado. Aunque esto sucede a menudo.

26.   Necesita contener para no escribir tantas exclamaciones o reticencias como quisiera hacerlo en los teclados del ordenador mientras escribe.

27.   26, 27 o 28? Siente esto, a veces, por perderse fácilmente en ordenación y / o secuencia numérica.

28.   Manía de explicar las cosas con precisión de detalles, y de modo minucioso. Se vuelve verboso varias veces.

29.   Al ser cuestionado sobre algo en el que posea pleno conocimiento queda con dificultad en iniciar la explicación. Si el cuestionamiento acerca de lo que es el **TDAH**, por ejemplo, y tiene un amplio conocimiento, no saben cómo o dónde empezar a explicar. Se queda tan agonizado para exteriorizar todo en total plenitud que muchas veces no logra expresar con exactitud todo lo que sabe.

30.   Siente que necesita ser cobrado, recordado y apoyado constantemente para hacer algo que se debe hacer.

31.   A menudo le gusta la emoción y las aventuras: velocidad en el coche, actividades inusitadas, deportes extremos, etc.

32.   Oscila entre fases de hipo-sexualidad y híper-sexualidad.

33. El odio siguientes órdenes, reglas y / o regulaciones. O no las sigue, involuntariamente. Generalmente no usa el cinturón de seguridad.

34. Es inmediatista. Vive intensamente el ahora.

35. Siempre está haciendo muchas cosas al mismo tiempo.

36. Hay días en que se siente impotente, débil, inútil, incapaz. Sin embargo, en otros, se siente capaz de conquistar y / o realizar cualquier cosa.

37. Tiene una enorme dificultad para decir "no".

38. Siente desorden mental, como una especie de confusión interna. Piensa en un torbellino de cosas e ideas inconexas simultáneamente.

39. Dificultad para tomar el sueño. A menudo, pasa una película en la cabeza antes de dormirse. Normalmente tiene insomnio y lleva problemas a la cama. Por eso, comúnmente, ya despierta indispuesto y / o cansado.

40. Crea pensamientos secuenciados, como, por ejemplo, al ver una caja de fósforos, imagina el palillo encendido, ya ligando la boca de una estufa.

41.   Muchas veces tiene ideas geniales. Pero luego las olvida, o la incertidumbre lo hace desacreditar. Por eso, muchos deseos quedan restringidos a simples voluntades.

42.   Posee extrema dificultad para mantenerse paciente en filas y / o en situaciones que demandan largo tiempo de espera.

43.   Dificultad (no imposibilidad) en ser fiel en las relaciones. Sin embargo, muchas veces cuando traiciona, hace sólo por emoción, aventura, fuga de la rutina o por gustar de oír nuevos elogios.

44.   Tiene intolerancia en diálogos aburridos, conversaciones sobre asuntos que desconocen y lugares monótonos y / o tediosos.

45.   Anticipa las respuestas de los demás, si ellos siguen un ritmo lento y diferente de su raciocinio.

46.   Oscila entre fases casi compulsivas y otras de desinterés por comida, sexo y / o compras.

47.   Siente que, en varias ocasiones, las palabras simplemente salen sin que pueda evaluar antes sus consecuencias. Por eso, constantemente hace comentarios inapropiados y / o termina siendo indelicado por ser sincero demasiado.

48. Sufre al agredir verbalmente a alguien o se arrepiente en dejar alguna persona sin gracia con sus tiradas inadecuadas.

49. Tiene grandes respuestas y buena presencia de espíritu.

50. Normalmente es relajado. Pero como su humor es inestable, a veces, sólo está reservado en su mundo.

51. La inmensa dificultad en aceptar a las personas como ellas son, lo que lo hace cobrar mucho de los demás.

52. Con ansias de hablar algo, a la velocidad de su agitación mental, acaba creando palabras que no existen, frases incompletas o comete errores grotescos en la pronunciación.

53. Adora ser probado, incitado y / o desafiado.

54. Deja cosas importantes para la última hora.

55. Apatía después de la realización de algún proyecto.

56. De manera involuntaria, su mente siempre busca algo para ocuparse, como problemas, metas, planes, ideas.

57. Normalmente es vibrante, tiene una gran energía y un buen astral. Muchas personas buscan su compañía, porque pasa cosas buenas y no dudan agradar a todos.

58. Nota ser una persona diferente y poco común. Percibe que muchos se acuerdan de usted, incluso después de años.

59. Posee algún tipo de vicio: café, chocolate, Coca-Cola, cigarrillo, alcohol, cocaína, marihuana, etc.

60. Dificultad para continuar algo con la misma emoción con que empezó.

61. Cuando está en una fase más agitada, entusiasmado con algo, dormir causa una extraña sensación de pérdida de tiempo.

62. Independiente del resultado, siempre cree que lo que ya se ha hecho, podría haber quedado aún mejor.

63. Problema de autoestima, no sólo a los aspectos físicos, sino principalmente, en cuanto a su propia capacidad.

64. Generalmente, lleva traumas de la vida académica. Tal vez por eso, sufra más, con críticas ligadas al intelecto.

65. Dificultad de permanecer quieto. Esta impaciencia lo hace experimentar casi todas las posiciones posibles cuando está sentado.

66. No ahorra elogios a los demás.

67. Le gusta compartir su alegría.

68.   Siente tener una fuerte intuición.

69.   Siempre se sintió diferente y / o inusual.

70.   A veces, tiene la creíble impresión que sabe exactamente lo que otras personas piensan y / o sienten.

71.   Normalmente es servicial y generoso.

72.   Cuida que todos se sientan cómodos cuando estén a su lado.

73.   A veces, desfila tan aéreo por las calles que tiene la extraña impresión de ser la única persona existente en el mundo.

74.   Cuando va a leer algo, normalmente sólo pasa el ojo, y quita la conclusión superficial como si hubiera entendido todo.

75.   Por mayor que domine un asunto con amplia propiedad, siempre cree que otros deben saber más.

El Diagnóstico en Psicopatología

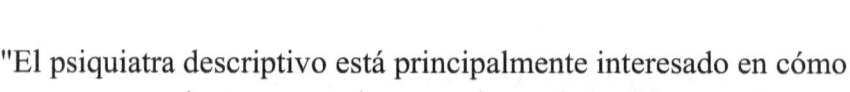

"El psiquiatra descriptivo está principalmente interesado en cómo un paciente es semejante, en lugar de lo diferente de otros pacientes con aspectos congruentes." (GABBARD, 1998).

Según Dalgalarrondo (2000), el estudio de la enfermedad mental comienza con la observación cuidadosa de sus manifestaciones. La observación se articula dialécticamente con la ordenación de los fenómenos; esto supone que se vea, tenemos que producir clasificaciones, interpretar y el orden observado en un cierto punto de vista, de acuerdo a una cierta lógica.

En la naturaleza humana se pueden distinguir tres grupos de fenómenos en relación a su posibilidad de clasificación:

1) Aspectos y fenómenos que encontramos en todos los seres humanos: este grupo de fenómenos forma parte de una amplia categoría que es demasiado para la clasificación, siendo poco útil para la misma. Fenómenos como la privación de las horas de sueño causa somnolencia; la restricción alimentaria causa hambre; es decir, son fenómenos notorios, comunes a todos, que no despiertan gran interés a la Psicopatología y son trivial.

2) Aspectos y fenómenos que encontramos en algunas personas, pero no en todas: estos son los fenómenos de mayor interés para la clasificación diagnóstica en Psicopatología, donde se sitúan la mayor parte de los signos, síntomas y Trastornos mentales.

3) Los aspectos y fenómenos que encontramos en un solo humano en particular: tales fenómenos, aunque de interés para la comprensión del ser humano, son demasiado restrictivos y de difícil clasificación y agrupación, teniendo mayor interés sus aspectos antropológicos, existenciales y estéticos que propiamente taxonómicos (clasificatorios).

En confluencia con diversos conceptos, a través de paradoja propuestas por Lantéri-Laura (1998) al considerar la psicopatología como un fenómeno subjetivo que está siendo procesada entre la psicología de la enfermedad y la patología de la psicológica - existe también la relevancia de Semiología y sus técnicas observacionales. En este sentido, Dalgalarrondo (2000) aclara la diferencia entre la **Semiología y Semiotecnia**:

a) **Semiología** es la ciencia de los signos, estando presente en todas las actividades humanas, incluyendo la interacción y comunicación entre dos partes para el uso de un sistema de signos (palabras, gestos, actitudes, comportamientos no verbales etc.). Se dedica al estudio de los síntomas y signos de las enfermedades, permitiendo al profesional de la salud identificar alteraciones físicas y mentales, ordenar los fenómenos observados, formular diagnósticos y establecer métodos de tratamiento.

b) **La Semiotecnia**, a su vez, se refiere a técnicas y procedimientos específicos de observación, recogida y descripción de signos y síntomas. Por lo tanto, es de vital importancia para la práctica de Semiótica en Psicopatología, observación minuciosa, atento y astuto de la conducta del paciente, el contenido de su discurso y su manera de hablar, su mímica, la postura, la ropa, la cómo reacciona y de su estilo de relación con el entrevistador, con otros pacientes y con sus familiares.

> Por semiología médica se entiende el estudio de los síntomas y signos de la enfermedad, que permite al profesional de la salud, identificar alteraciones físicas y mentales, ordenar los fenómenos observados, formular diagnósticos y emprender terapias. En general, la semiología, o semiótica, es la ciencia de los signos. El signo es un tipo de señal, como por ejemplo, en la semiología médica, la fiebre puede ser un signo / signo de una infección o inflamación. Por lo tanto, los

signos de mayor interés para la Psicopatología son los signos conductuales objetivos, las vivencias subjetivas relatadas por el paciente y sus quejas. (DALGALARRONDO, 2000).

Sin embargo, en general, en los autores encuadrados, las orientaciones básicas que el médico debe seguir para obtener la información necesaria para diagnosticar e indicar el tratamiento más adecuado. Entre estas pautas, Swales (1990) destaca:

1) **Exámenes Psíquicos**: a partir del cual el médico analiza las funciones psíquicas del paciente, el estado mental actual, tales como presentación del paciente, incluyendo higiene, actitud frente a la entrevista (cooperativo, desconfiado), características del habla y del pensamiento, entre otros;

2) **Resumen Psicopatológico**: Dónde catálogos médicos todas las funciones psíquicas, con sus modificaciones. Sin embargo, antes de iniciar el examen psicopatológico, hay las fases iniciales de interacción entre médico y paciente, que incluye, entre otras informaciones, la queja principal, la historia de la enfermedad actual y la historia familiar.

En el guión de las entrevistas psiquiátricas, por ejemplo, se encuentran algunos tópicos bastante comunes. Son asuntos que proporcionan información relevante para que el médico conozca al paciente, ya que la entrevista está destinada a dar claridad a ciertos patrones característicos de la vida del paciente, y la propuesta es ayudarle en su sufrimiento mental. Es a partir de una observación cuidadosa que el médico hace del paciente durante la entrevista que él podrá confirmar o refutar la hipótesis diagnóstica. Entre estos temas, están previstos:

a) Escolaridad Inicial;
b) Preferencia sexual;
c) Uso De Alcohol y/o Narcóticos;
d) Actitud en relación a la soledad;
e) Actitud en relación al cuerpo;
f) Sueño y Funciones Del Sueño;
g) Intereses De Ocio.

En virtud del importante papel que la entrevista ocupa en la actividad de la clínica, una reflexión sobre los itinerarios es fundamental, ya que es a partir de esas diferentes orientaciones que los médicos se comportarán discursivamente durante la entrevista. Es necesario, por lo tanto, que ellos conozcan esos itinerarios, y sepan evaluarlos para que esas orientaciones puedan contribuir con esos profesionales en su práctica clínica, con miras a la comprensión del otro, atendiendo al que busca un alivio para el sufrimiento mental. Y una posibilidad de análisis de ese comportamiento discursivo-interactivo en el 'aquí-ahora' del evento comunicativo puede ser hecha a partir de los encuadres que el médico establece durante el encuentro con el paciente. En esta, Nunes Filho et al. (2000) aclara que normalmente están presentes, entre otros, los siguientes ítems:

a) El examen médico-psiquiátrico, que incluye Presentación del Examinador, Identificación del paciente, Queja Principal, Motivo de la Consulta o de la Internación, Historia de la Enfermedad Actual, Historia Personal e Historia Familiar;

b) Exámenes Psicopatológicos (actitud general, pensamiento, conciencia, atención, concentración son algunos 'tópicos');

c) Examen somático;

d) Exámenes Complementarios: pruebas psicológicas y exámenes de laboratorio;

e) Diagnóstico Sindrómico;

f) Hipótesis Diagnósticas.

La evaluación del paciente en psicopatología se realiza principalmente a través de la entrevista. Ella no puede ser vista como algo banal, un simple preguntar al paciente sobre algunos elementos de su vida. La entrevista, junto con la observación cuidadosa del paciente, es, de hecho, el principal instrumento de conocimiento de la psicopatología. Por medio de una entrevista bien realizada con arte y técnica el profesional podrá obtener informaciones valiosas para el diagnóstico clínico, para el conocimiento de la dinámica afectiva del paciente y - lo que pragmáticamente es más importante - para una mejor intervención y planificación terapéutica.

El área desarrollada por la psicología clínica, denominada Psicodiagnóstico representa un importante medio de auxilio en el diagnóstico psicopatológico, y en su mayoría, son viabilizados a través de la aplicación de pruebas proyectivas, psicométricas y de la personalidad, o también por pruebas rastreadoras de posibles alteraciones orgánicas, así como pruebas neuropsicológicas más específicas para detectar alteraciones cognitivas. Investigaciones: pruebas de laboratorio de laboratorio, neurofisiológicos y de neuroimagen son también el diagnóstico psicopatológico ayuda esencial. El dominio de la técnica de realizar entrevistas es lo que califica al profesional habilidoso, siendo un atributo fundamental e insustituible del profesional de salud.

La habilidad del entrevistador, al principio, se revela por las preguntas que formula, por aquellas que evita formular y por la decisión de cuándo y cómo hablar o apenas callarse y oír. El profesional que conduce la entrevista debe también establecer una relación empática y al mismo tiempo útil desde el punto de vista humano, además de saber acoger y oír el sufrimiento del individuo, escuchando al enfermo en sus dificultades e idiosincrasias (manera propia de ver, sentir y sentir, reaccionar de cada uno). Además de paciencia, respeto y empatía, el profesional necesita cierto temor (moderación, equilibrio) y habilidad para establecer límites a los pacientes invasivos o agresivos, y así protegerse y proteger el contenido de la entrevista. (DALGALARRONDO, 2000).

> A través de la entrevista psicopatológica, llegamos a dos principales aspectos de la evaluación: Anamnesis, o sea, el histórico de los síntomas y signos / signos que el paciente ha presentado a lo largo de su vida, sus antecedentes personales y familiares, así como de su familia y medio social. Exámenes psíquicos, o Examen de estado mental. Ambos son aspectos más relevantes de la técnica de la entrevista en la psicopatología, pero no podemos descartar a cabo una evaluación física, ya que el examen físico de los pacientes con Trastornos mentales, cuando se hace correctamente, puede ser un excelente instrumento de aproximación afectiva, sobre todo en pacientes muchos retrocedidos. Además, el examen físico del paciente con un Trastorno psiquiátrico, no difiere de aquel de los pacientes sin Trastornos mentales; sólo a menudo, una evaluación física es hecha por médicos clínicos generales, que a su vez no oyen al paciente psiquiátrico como deben ser oídos, como consecuencia del estigma de "loco" que invalida sus quejas somáticas. Podemos también, además del examen físico, encaminar al paciente hacia una Evaluación Neurológica, donde podrá ayudar en el psicodiagnóstico. (DALGALARRONDO, 2000).

La entrevista inicial se considera un momento crucial en el diagnóstico y tratamiento en salud mental. Este primer contacto, cuando bien conducido, debe producir en el paciente una sensación de confianza y esperanza en el alivio de su sufrimiento. De lo contrario, cuando las entrevistas iniciales son desencadenadas y desastrosas, en la cual el profesional es, involuntariamente o no, negligente o hostil, son seguidas en la mayoría de las veces, en el aborto del tratamiento.

En el momento inicial, la mirada, y con él, toda su comunicación no verbal, ya tiene su valor sustancial, pues es en él que se incluye toda la carga emocional de ser visto, del gesto, de la postura, de las vestimentas, del modo de sonreír o expresar sus sentimientos. Este primer contacto y la primera impresión que el paciente produce en el entrevistador es en realidad el producto de una mezcla de muchos factores, como la experiencia clínica, transferencia y contratransferencia y valores personales y prejuicios inevitables que el profesional, queriendo o no, lleva consigo. Al principio de la entrevista, es conveniente que el profesional se presente, diciendo su nombre, profesión, especialidad y, en su caso, el motivo o razón de la entrevista. Confidencialidad, privacidad y confidencialidad se pueden garantizar de forma explícita, si el paciente note tímido o sospechoso. Por lo tanto, es extremadamente importante para dejar claro a la confidencialidad del paciente y la descripción de la entrevista y que serán distribuidos en el caso de ideas, planes o actos seriamente auto o heterodestructivos. (Ibid).

A veces una entrevista bien conducida es aquella donde el

profesional habla poco y oye mucho al paciente, otras veces, la situación exige que el entrevistador sea más activo, hablando más y haciendo más preguntas. Esto varía mucho y la función:

a) **Del Paciente**: su personalidad, su estado mental y emocional. A veces el entrevistador necesita escuchar mucho, pues el paciente necesita mucho hablar, desahogar. Otras veces, el entrevistador debe hablar más, para que el paciente no se siente muy tímido o retraído;

b) **Del contexto institucional de la entrevista**: es decir, donde se llevará a cabo esta entrevista en una sala de emergencias, servicios hospitalarios, ambulatorios, etc.

c) **De los objetivos de la entrevista**: si se lleva a cabo para un diagnóstico clínico, el establecimiento de la alianza terapéutica, cuestiones forenses, etc.;

d) **De la personalidad del entrevistador**: es decir, algunos entrevistadores profesionales son pequeño gran conversación durante la entrevista, siendo reservado e introvertido; otros, pero sólo consiguen trabajar bien y realizar buenas entrevistas, siendo espontáneos, hablantes y extrovertidas.

Dalgalarrondo (2000) también destaca algunos puntos negativos que deben ser evitados por el profesional durante las entrevistas:

a) **Posturas rígidas y estereotipadas**, que son fórmulas que deduce profesionales que trabajan bien con algunos pacientes y por lo tanto deben funcionar con todos. Por lo tanto, el profesional debe buscar una actitud flexible que se adapte a la personalidad ya los síntomas del individuo, así como su cultura, ideología y valores personales;

b) **Excesivamente frío o actitud neutral**, que transmita a la paciente a menudo una situación de la distancia y desdén;

c) **Reacciones excesivamente emocional o artificialmente caliente**, que producen una falsa intimidad. Lo que se debe hacer es crear una relación de respeto y consideración por el paciente, pero de una manera genuina, sin extrema frialdad o cautela exagerada;

d) **Los comentarios o juicios de valor** acerca de lo que dice el paciente, se siente, o experiencias características;

e) **Reacciones emocionales intensas de piedad o compasión**, para un paciente beneficios desesperadamente malestar de más de un profesional que da la bienvenida a un sufrimiento tan enfáticamente que un profesional que desesperan con él;

f) **Responder con hostilidad o agresión a los ataques hostiles o agresividad del paciente**. El profesional debe dejar claro que el paciente está siendo inadecuadamente hostil y que, aunque en tono sereno y blando, debe dejar evidente que no aceptará agresiones físicas o verbales exageradas, pues tales comportamientos y discusiones suelen ser inútiles o negativas en el contacto con el paciente;

g) **Entrevistas excesivamente prolijas** (demasiado largos o difusas, sin brillo), pero que al final no dice nada sustancial sobre su sufrimiento. Cuando esto ocurra, el profesional debe tener la capacidad de conducir la entrevista para puntos y términos más significativo,

h) **Hacer un montón de notas durante la entrevista**, porque este comportamiento adoptado por el entrevistador puede transmitir al paciente que las notas son más importantes que la propia entrevista, por lo que es de fundamental importancia para señalar que el acto de tomar notas molesta paciente.

Lo importante es, sobre todo, al señalar que a pesar de que el profesional tiene solamente cinco a diez minutos para conocer a un paciente en estas instituciones, que debe ser lo mismo con paciencia y respeto, creando un ambiente de confianza y empatía, incluso con las limitaciones de tiempo, a menudo no es la cantidad de tiempo o entrevistas que el profesional tiene con el paciente, pero la calidad de la atención que el profesional puede proporcionar al paciente es que puede generar un servicio de mejor calidad. (DALGALARRONDO, 2000)

El profesional con alguna experiencia en Psicopatología, sin embargo, puede detectar que los datos de una entrevista pueden estar siendo sub o sobreestimados. Pues a veces el paciente niega estar teniendo los síntomas, para pasar por una persona "normal", sin ningún Trastorno. Esto se denomina disimulación, que es el acto de ocultar o negar voluntariamente la presencia de signos y síntomas psicopatológicos. Tal negativa ocurre por miedo a una posible internación, a tomar medicamentos psiquiátricos o simplemente a ser cotizados como "loco" o "enfermo mental". Pero, por otro lado, tenemos el proceso de simulación, que a diferencia de la disimulación, es el intento de crear, presentar voluntariamente un síntoma, signo o vivencia que realmente no tenga, o sea, dice oír voces, sentir dolores psicosomáticos, de estar desequilibrado emocionalmente siempre con el fin de obtener algo como: jubilación, dispensa del trabajo, no ir a la cárcel, o muchos otros factores que pueden ser evitados con un diagnóstico de enfermedad mental. (Ibid).

Pero, después de todo, ¿lo que una persona obviamente afectada por una enfermedad mental está realmente sintiendo? ¿De qué forma sus propias experiencias se asemejan o difieren de la experiencia de los demás tanto de aquellos que están bien como de los que están enfermos? ¿Cómo podemos utilizar la palabra observador con respecto a la experiencia interna de otra persona? Es precisamente aquí que el proceso de empatía. A través de estas preguntas, Sims (2001) apunta hacia fuera que escuchar y ver son cruciales para la comprensión. Se debe tener mucho cuidado al hacer preguntas.

Los médicos a menudo identifican síntomas incorrectamente y hacen el diagnóstico equivocado, pues hicieron preguntas capciosas con las cuales el paciente, por medio de su sumisión al estatus médico y la ansiedad a cooperar, es bastante dispuesto a aceptar La método de empatía significa utilizar la habilidad de sentirse en la situación de otra persona, avanzando a través de series organizadas de preguntas; repitiendo y reiterando donde sea necesario hasta que se esté seguro de lo que está siendo descrito por el paciente.

En su libro, la psicopatología y la semiología de los Trastornos mentales, Dalgalarrondo cuenta con dos tablas: evaluación inicial y preguntas de la historia de iniciación y psiquiátricos. En el primero, hay orientaciones generales sobre cuál debe ser la conducta del médico durante la entrevista:

a) Proporcionar un lugar con un mínimo de privacidad y comodidad para la entrevista;

b) Presentarse al paciente y luego explicar brevemente el objetivo de la entrevista;

c) Establecer un contacto empático con el paciente, iniciar con las preguntas generales sobre quién es el paciente: ¿Cómo se llama a usted? ¿Cuántos años tienes? "? ¿Cuál es su estado civil?" (Los datos sociodemográficos básicos), entre otras recomendaciones.

En el guión de la entrevista psiquiátrica presentado por Dalgalarrondo también se incluyen, además de la anamnesis, el chequeo psíquico y los precedentes psicopatológica. En el caso de que se produzca un cambio en la calidad de vida de las personas que viven en el país, curso de la interacción. Dos de ellas representan claramente el modelo de medicina centrado en el médico como especialista, cuya conducta debe ser el reflejo de su saber médico institucional:

a) Se debe evitar terminología por demás mecanicista que revela, generalmente, inseguridad del profesional, que busca compensar, en el lenguaje rebuscado, los vacíos de su ignorancia sobre el caso, o que quiere demostrar de modo exhibicionista su erudición y saber médico;

b) Se debe recordar que, a pesar de que una historia psicopatológica, normalmente, se describen fenómenos irracionales, a menudo desorganizados y caóticos, el relato debe ser organizado y coherente, facilitando el establecimiento de hipótesis diagnósticas y de planificación terapéutica adecuada. El paciente tiene el derecho de ser confuso, contradictorio, ilógico. El profesional, al relatar el caso, no tiene ese derecho.

En recomendaciones Dalgalarrondo puede ser conocido los 'roles' que el médico y la enfermedad del paciente tomar el guión, lo que demuestra que la conducta del profesional debe tener a fin de cumplir con los requisitos de este modelo normativo: "el campo técnico de las entrevistas que realizan es lo que califica específicamente al profesional habilidoso". Las discusiones acerca del papel del paciente como sujeto de su sufrimiento mental no se expresan.

Vale la pena señalar que estas directrices propuestas por Dalgalarrondo, que son prácticas discursivas, no apuntan a la importancia y la posterior inserción de la interacción del paciente, lo que desencadena un aspecto de instrucción más marcada, además del consecuente control médico durante la entrevista. De hecho, las tablas presentadas por él para facilitar en la práctica los profesionales con menos experiencia como el 'modelo' que ya organizada. En principio, estos cuadros pueden parecer ayudar al médico a realizar la entrevista, sin embargo, tienden a uniformizar las entrevistas, sin tener en cuenta a los diferentes pacientes con sus diferentes historias de vida.

Consideraciones Finales

La Organización Mundial de la Salud (OMS) define la salud mental como un estado de bienestar en el que el individuo es capaz de ejercitar sus habilidades, manejar los acontecimientos estresantes normales de la vida, trabajar productivamente y contribuir a su comunidad. Un trastorno mental, por lo tanto, puede ser entendido como una condición médica que altera este estado causando daño al desempeño general del individuo. De acuerdo con datos divulgados por la Organización Mundial de la Salud (OMS), los trastornos mentales alcanzan a unos 700 millones de personas en el mundo, representando el 13% del total de todas las enfermedades.

Sobre la existencia y veracidad de TDAH, hay que destacar que - además de ser reconocida oficialmente por la Organización Mundial de la Salud (OMS) - el TDAH también es validado por un consenso internacional: la producción científica publicada después de amplios debates entre investigadores de diferentes culturas, institución y que no comparten necesariamente las mismas ideas sobre todos los aspectos de un Trastorno. De acuerdo con la American Psychiatric Association (APA), el TDAH es uno de los Trastornos más estudiados en la medicina, y datos generales sobre su validez son mucho más convincentes que la mayoría de los Trastornos mentales, e incluso muchas condiciones médicas.

Actualmente, el TDAH es la razón más común entre los niños y adolescentes que se refiere a la atención en los servicios especializados. Se estima que afecta al 2,5% de los adultos, alrededor del 3 al 7% de los niños en edad escolar (de 6 a 12 años) de todo el mundo, y en más del 68% de los casos el Trastorno permanece por toda la vida. De acuerdo con el Manual diagnóstico y estadístico de los Trastornos mentales en su 5ª edición (DSM -V), el TDAH es más común en hombres que en mujeres en una proporción de 2: 1 en los niños, y 1,6: 1 en adultos.

Las características relacionadas a la desatención presentan mayor incidencia en las personas del sexo femenino, mientras que los síntomas referentes a la hiperactividad e impulsividad se observan más en el sexo masculino. El Trastorno a menudo también tienen altas tasas de comorbilidades: en niños con TDAH, más del 50% de los casos surge en presencia de - al menos - algún otro Trastorno comórbido, y aproximadamente 10% de ellos, desarrollar tres o más comorbilidades. Las investigaciones indican que entre los niños, las más frecuentes son:

a) Trastorno Desafiador de Oposición - 40%

b) Trastornos de ansiedad - 34%

c) Trastorno de Conducta - 14%

d) Los problemas de aprendizaje (lectura, cálculos y / o escritura) - 10 a 25 %

e) Trastorno de Tiques - 11%

f) Trastornos del humor - 4%

Entre los adultos con TDAH, las comorbilidades afecta a aproximadamente el 70% de los pacientes - y, de éstos, el 97% tienen hasta cuatro Trastornos comórbidos. Los estudios indican que por cada cinco adultos en el tratamiento de algún otro Trastorno, al menos uno de ellos tiene el TDAH. Entre las comorbilidades más comunes observados en los adultos son:

a) Depresión - 20-30%

b) Trastorno de ansiedad - 20-30%

c) Uso de sustancias - 25 a 50%

d) Fumar - 40%

e) Trastorno de personalidad antisocial - 25%

f) Trastorno del sueño - 75%

Además de desencadenar serios perjuicios de productividad y motivación en las actividades académicas, vocacionales, así como una habilidad reducida para expresar ideas y emociones, inestabilidad en los diferentes tipos de relaciones, perjuicio de la memoria de ejecución, retraimiento social, efectos negativos de la propia imagen, etc. Trastorno por Déficit de Atención con Hiperactividad (TDAH) a menudo causa una serie de impactos en curso de la vida de una persona:

1) Los adultos con TDAH, independientemente de su nivel de educación, ganan salarios significativamente más bajos que los adultos sin el Trastorno. El estudio mostró que la diferencia es alrededor de 10 mil dólares anuales para los individuos con formación superior y de 4 mil para aquellos con apenas el segundo grado;

2) 25% de los adultos con TDAH no terminan el segundo grado contra el 1% de los adultos sin TDAH;

3) Sólo el 15% de los adultos con TDAH están estudiando la universidad frente a más del 50% de los adultos sin TDAH;

4) Los adultos con TDAH con menos frecuencia completan una Universidad;

5) Los adultos con TDAH con menos frecuencia logran completa - empleos de tiempo que los adultos sin el

Trastorno. El elemento responsable del 17% de los 77 mil millones de dólares de pérdidas proyectados en el estudio. Generando impacto económico sobre la sociedad;

6) Alrededor del 25 % de los estudiantes con TDAH tienen problemas en cualquiera de estas áreas de aprendizaje: hablar, entender, interpretar los textos y las matemáticas;

7) 30% de los niños y adolescentes con TDAH repetición de al menos un año escolar, múltiples repeticiones se producen en el 21%;

8) 35% de los adolescentes con TDAH abandonan, el 45% son expulsados de escuelas y clases 21% cabulam repetidamente;

9) Se estima que el desarrollo emocional de los niños con TDAH es un 30% más lento que los niños sin el Trastorno. Por ejemplo, una edad de 10 años con TDAH opera un grado de madurez de 7 años. Un joven piloto de 16 años con TDAH tiene un perfil decisiones de un niño de 11 años;

10) 65% de los niños con TDAH muestran conductas de desafío a la autoridad como la hostilidad verbal y rabietas;

11) Los niños con TDAH son más a menudo víctimas de lesiones en la cabeza o politraumatismo, envenenamiento accidental e ingreso en la UCI debido a estas complicaciones médicas;

12) Los niños con TDAH tienen un riesgo tres veces mayor de accidentes domésticos, 2 veces de trauma, suturas y las hospitalizaciones y el 20% de ellos son responsables de graves incendios en sus comunidades;

13) Aumento del riesgo de embarazo antes de los 18 años de edad y las enfermedades de transmisión sexual entre los jóvenes con TDAH;

14) Los jóvenes con TDAH tienen cuatro veces más riesgo de accidentes que causan, siete veces más accidentes de múltiples víctimas y, y 4 veces la incidencia de las multas por exceso de velocidad (y por no respetar las señales de tráfico);

15) Los jóvenes con TDAH tienen un riesgo más alto de uso, abuso y dependencia de sustancias. En una encuesta de consumo de tabaco fue reportado por 50% de los jóvenes con TDAH frente al 27% de los jóvenes sin el Trastorno, alcohol 40% versus 28% y la marihuana 17% en comparación a 5%;

16) La separación o divorcio se produce tres veces más entre los padres de los niños con TDAH que los padres de los niños sin Trastorno;

17) El 49% de los niños con TDAH tienen dificultades para relacionarse con otros niños frente al 18% de los controles (niños sin TDAH);

18) El 72% de los niños con TDAH tienen conflictos con los hermanos y otros miembros de la familia en comparación con el 53% de los controles;

19) 48% de los niños con TDAH facilidad exposición de adaptación a las nuevas situaciones como contraposición a 84% de los controles;

20) 18% de los niños con TDAH informe de tener buenos amigos en comparación con el 36% de los controles;

21) 52% de los niños con TDAH necesitan la ayuda de los padres con la tarea frente al 28% de los controles;

22) 26% de los niños con TDAH necesitan la ayuda de los padres a prepararse para ir a la escuela frente al 16% de los controles;

23) Los estudios comparativos muestran que los adultos con TDAH tienen una mayor frecuencia: adicción a las drogas (o adicción), intento de suicidio, el divorcio, el desempleo, la insatisfacción laboral y la inadaptación social.